行业垄断、管理层权力与高管薪酬制度研究

郭淑娟　著

知识产权出版社
全国百佳图书出版单位

图书在版编目（CIP）数据

行业垄断、管理层权力与高管薪酬制度研究 / 郭淑娟著. —北京：知识产权出版社，2017.12

ISBN 978-7-5130-2849-3

Ⅰ.①行… Ⅱ.①郭… Ⅲ.①垄断组织–管理人员–劳动报酬–研究–中国 Ⅳ.①F279.248

中国版本图书馆CIP数据核字（2017）第319533号

内容提要

本书基于我国现实国情和制度背景，以我国垄断行业企业高管薪酬为主要研究对象，设计高管薪酬等多个变量，采用"垄断—高管行为—企业绩效—高管薪酬—高管行为"的思路，综合运用委托代理理论和管理层权力理论，研究我国垄断行业企业高管薪酬的影响变量及是否存在高管自定薪酬的行为，以期为我国垄断行业企业高管薪酬激励机制的完善提供经验证据。

责任编辑：于晓菲　　　　责任印制：刘译文

行业垄断、管理层权力与高管薪酬制度研究

HANGYE LONGDUAN,GUANLICENG QUANLI YU GAOGUAN XINCHOU ZHIDU YANJIU

郭淑娟　著

出版发行：知识产权出版社 有限责任公司	网　　址：http://www.ipph.cn
		http://www.laichushu.com
电　　话：010–82004826	邮　　编：100081
社　　址：北京市海淀区气象路50号院	责编邮箱：yuxiaofei@cnipr.com
责编电话：010–82000860转8363	发行传真：010–82000893
发行电话：010–82000860转8101	
印　　刷：北京中献拓方科技发展有限公司	经　　销：各大网上书店、新华书店及相关专业书店
开　　本：720mm×1000mm　1/16	印　　张：13.25
版　　次：2017年12月第1版	印　　次：2017年12月第1次印刷
字　　数：230千字	定　　价：68.00元
ISBN 978-7-5130-2849-3	

前　言

　　高管薪酬不仅是广大民众关注的热点话题，也是学者研究公司治理中的重要问题。高管薪酬是否与高管的努力程度相匹配，能否实现激励机制的预期目的，是影响所有股东的切身利益、能否实现上市公司价值增值、整个证券市场能否良好运转的重要议题。高管薪酬激励的有效性直接影响代理成本，进而影响公司经营效率和公司绩效。一般地，建立在公司绩效基础上的高管薪酬随着股票价格和公司绩效的波动而波动。丰厚的高管薪酬充分显示了企业对高级管理人才的强烈需求。一方面，高管的工作业绩可以为股东带来丰厚的财富；另一方面，高管的高效管理也为公司员工及其家庭带来生活保障和大量的就业机会。高管薪酬制度的成功运用，会刺激我国经济的增长，促进我国公司治理模式的优化。

　　近年来，我国垄断行业企业高管薪酬增长过快，总体水平偏高、少数过高、个别畸高，加大了社会收入分配差距，这不仅不利于构建和谐的企业劳动关系，还会严重地影响社会经济的稳定发展，影响社会和谐。经济转型期垄断行业企业高管薪酬制度缺乏公平性、合理性和合法性，是造成当前垄断行业企业高管薪酬增长过快的主要原因。主要表现在两方面：一是垄断行业企业高管薪酬与竞争性行业企业高管薪酬之间极不平衡。相对于垄断行业企业的业绩来说，高管薪酬存在激励过度问题；二是垄断行业企业高管薪酬与其承担的社会责任不成比例。众多学者和民众开始呼吁提高垄断行业企业上缴红利比例，以补充社会保障资金缺口等民生支出类公益项目。由于非对称信息博弈的普遍存在，最优激励契约不可能实现。股东无奈做出"次优"选择——设计与公司绩效相联系的高管薪酬契约，同时，与高管人员风险共担。而我国制度变迁的"路径依赖"性以及相关制度短缺使垄断行业企业在改造过程中出现了严重的公司治理结构失衡和"内部人控制"现象，进而模糊了企业绩效与高管努力的关系。不受市场优胜劣汰机制制约的垄断行业企业其绩效中有多少是高管努力的贡献？有多少源于垄断优势？以企业绩效为主要依据制定的高管薪酬契约能否反映企业的"真实"绩效？如果考虑由垄断利润增加的高管薪酬数额，垄断行业企业高管究竟是激励不足还是激励过度？控制权收益是否货币收益不足情况下的有益补充？管理层权力是否影响甚至决定了垄断行业企业高管薪酬契约的厘定，从而扭曲了控制权收益的激励效果？这些问题亟待探讨和解决。因此，研究行业垄断及管理层权力因素对高管薪酬的作用，形成公平合理的薪酬体系，对促进社会公平、提高经济效率具有重要的理论意义和现实意义。本书基于我国现实国情和制度背景，以我国垄断行业企业高管薪酬为主要研究对象，设计高管薪酬等多个变量，采用"垄断—高管行为—企业绩效—高管薪酬—高管行为"的思路，综合运用委托代理理论和管理层权力理论，研究我国垄断行业企业高管薪酬的影响变量及是否存在高管自定薪酬的行为，以期为我国垄断行业企业高管薪酬激励机制的完善提供经验证据。

本书的主要内容包括：第一，垄断行业企业高管薪酬的影响因素研究。确立垄断行业企业高管薪酬制度分析的逻辑起点，揭示企业绩效、公司治理机制、企业基本特征、高管控制权和权变因素等与高管薪酬的内在关系，为构建垄断行业企业高管薪酬制度的理论范式提供依据。第二，垄断行业企业高管薪酬制度的理论研究。利用Piv同比，直接将垄断优势、代理人的代理能力水平、代理人的努力程度3个因素引入模型中，发现垄断优势放大了代理人的努力成果；垄断优势和代理人的能力水平均正向影响委托代理效果；代理人的风险规避度负向影响激励强度；外界环境的干扰负向影响代理人努力的成果。第三，垄断行业企业高管薪酬测度指标的确定。垄断行业企业高管薪酬分为显性薪酬和隐性薪酬两大类，具体划分为短期激励、长期激励、权力薪酬和垄断租金薪酬四部分。行业竞争度、企业基本特征、公司治理机制和管理层权力等内外部因素一起作用于高管薪酬激励机制，行业竞争度也影响着企业基本特征和公司治理机制。第四，垄断行业企业高管薪酬的实证研究。选取2003—2015年1777个垄断行业企业观测值和20302个非垄断行业企业观测值为样本，利用面板数据模型，建立垄断行业企业高管薪酬制度分析的实证检验模型，提出相关理论假设，对垄断行业企业高管薪酬及管理层权力等问题进行了详细的研究。第五，完善我国垄断行业企业高管薪酬制度的政策建议。主要包括合理确定我国垄断企业高管薪酬制度影响因素的重要作用；建立科学的企业绩效考核体系，客观、公正地评估垄断行业企业绩效；拓宽高管激励渠道，引入多元化、多层次的激励工具；约束高管权力，规范垄断行业企业高管薪酬制度的内在支持；适度引入竞争，处理不合理的高管薪酬差异，缩小行业收入差距等。

本书的主要研究结论如下：第一，在"高管行为—企业绩效—高管薪酬—高管行为"这个动态、封闭的循环系统中，垄断优势夸大了垄断行业企业高管努力的成果，企业的高产出更可能是"好运气"而非代理人努力的结果。尤其是在不充足的现金流和较高的资产负债率的情况下，仍然维持较高的高管薪酬水平，是不合理的。第二，与非垄断行业相比，垄断行业企业高管薪酬的总体特征是"高且稳定"。二者间在职消费的差异异常明显，但垄断行业企业的运营效率和薪酬结构中的长期激励明显弱于非垄断行业组；垄断行业普遍存在着较高的垄断租金薪酬，且其主要来源是企业的垄断利润；垄断行业企业高管有着高且稳定的管理层权力，高管更偏好于利用权力对会计业绩进行操纵从而获取更高的绩效薪酬，以及获取在职消费等隐性薪酬，而且在职消费的增加并未影响货币性薪酬的减少，而非垄断行业企业高管更偏好于货币性薪酬等显性薪酬；垄断行业企业高管除了享有比非垄断行业组更高的货币薪酬外，还会通过增加业绩薪酬权重和规模薪酬权重，从而增加更为隐蔽的隐性薪酬——在职消费。第三，垄断行业企业高管人员的权力寻租行为导致其薪酬出现"异质性"，我国垄断行业高管薪酬已经走进了一个"尺蠖效应"的怪圈。一方面表现为货币薪酬能升不能降的刚性特征；另一方面，表现为在职消费和垄断租金薪酬水平的非对称性增大。

本书的贡献在于：第一，完善了我国垄断行业企业高管薪酬制度的理论模型。将垄断优势、代理人的代理能力水平、代理人的努力程度这3个因素引入科布—道格拉斯生产函数，并构建了垄断行业企业高管薪酬制度的一般委托代理模型，并对其做了进一步地拓展，优化了多任务委托代理关系中的高管薪酬激励机制。第二，建立了我国垄断行业企业高管薪酬的测度指标体系。针对我国垄断行业企业设定其适用的高管薪酬测度指标，包括货币薪酬、长期薪酬、权力薪酬和垄断租金薪酬。由于权力薪酬、垄断租金薪酬的难以计量性，目前对此做实证研究的文献较少。本研究拟在此方面有所突破。第三，提出了完善我国垄断行业企业高管薪酬制度的政策建议。主要包括合理确定我国垄断行业企业高管薪酬制度影响因素的重要作用；建立科学的企业绩效考核体系；约束高管权力，规范垄断行业企业高管薪酬制度的内在支持等。

本书是基于管理层权力理论，对我国垄断行业企业高管薪酬制度的一次详细的研究，也是作者多年科研工作的总结和检验。如果本书能够对我国垄断行业企业高管薪酬制度的完善和高管自利行为的规范有所裨益，将是对作者极大地鼓励。当然，由于各种各样的原因，本书肯定存在纰漏，希望广大读者批评指正，并提出宝贵意见。本书得到了山西省哲学社会科学规划课题"山西省企业内部激励与技术创新关系研究（2017）"的支持，在此表示感谢！

郭淑娟

2017年8月

目　　录

第1章 导 论

1.1 研究缘起

20世纪90年代以来,由于全球资本市场的一体化和全球公司治理规范的趋同,对高层管理者的薪酬激励作为一种公司治理机制也在全球范围内推广。我国国际经济地位的提升和国际经济一体化进程的加快,对提高我国公司高管薪酬体系等公司治理水平提出了迫切要求。

近年来,有数据表明我国垄断行业企业高管薪酬增长过快、水平过高。从2002年起,我国开始陆续出台规范国有企业高管薪酬的相关政策。2002年,政策规定国有企业高管年薪不得超过职工平均工资的12倍。但随着经济的快速发展,这一数值早已被超过。来自《中国统计年鉴》的数据表明,2006年占国有企业利润超过5%的行业为石油、电力、冶金、交通运输设备制造业和烟草行业,当年在国有工业企业8485.46亿元利润中,这5个行业的贡献更是占到了85.45%。这些行业大多数属于垄断行业,多年来一直是国有企业利润的主要来源。2007年,对我国上市银行高管薪酬的统计发现,多名高管年薪超过280万元。据我国人力资源和社会保障部劳动工资研究所发布的《中国薪酬发展报告》统计,2007年,平安保险股份有限公司总经理年薪6616万元,是当年职工平均工资的2751倍之多。❶2008年,金融业业绩普遍大增,中小商业银行的资本充足率全部达标,高管薪酬普遍"水涨船高",平安集团董事长

❶ 刘学民.中国薪酬发展报告.2011年.北京:中国劳动社会保障出版社,2012.

马明哲却宣布2008年将领取"零薪酬"。这引起了广大民众和众多研究者的思考：高管薪酬究竟由什么决定？高管是否可以自定其薪酬？高管自定薪酬的途径又是什么？2009年，中央企业负责人平均年薪已达到68万元。2009年起，我国对金融类国有垄断企业进行量化绩效考评，金融企业绩效评价结果作为确定金融企业负责人薪酬的重要依据。同年，人力资源和社会保障部等六部门也联合出台《关于进一步规范中央企业负责人薪酬管理的指导意见》，对中央企业高管发出"限薪令"。这些意见和办法的及时出台为进一步严格规范国有垄断企业、金融机构高管人员的薪酬制度奠定了基础，同时，也警醒企业应严格控制和监管在职消费，建立根据经营管理绩效、风险等级和责任强度来确定的高管薪酬制度。深化垄断行业企业高管薪酬改革，是完善现代企业制度的重要组成部分，也是深化收入分配制度改革的重要任务，对促进企业持续健康发展、加快形成合理有序的收入分配格局具有十分重要的作用。

垄断行业的特殊性使得"平均利润率"规律不起作用，高管薪酬考核依据的绩效并不是高管努力的结果，高管薪酬具有一定的"运气"（Bertrand，Mullainathan，2001）。我国的垄断行业或凭借自然资源条件形成了自然垄断，或凭借提供关系国计民生的极为重要的产品和服务形成了行政垄断。垄断行业企业高管收入与非垄断行业企业高管收入之间的不平衡弱化了收入分配政策的公平性，垄断企业高管薪酬之高的合理性和合法性受到质疑。然而，仍有一些垄断行业企业高管抱怨其薪酬激励不足，原因是距离国际水平还存在很大差距。近年来，我国垄断行业企业高管薪酬水平过高、增长过快。主要表现在两方面：一是垄断行业企业高管薪酬与竞争性行业企业高管薪酬之间极不平衡。相对于垄断行业企业的业绩来说，高管薪酬存在激励过度问题（高明华，杜雯翠，2010）；二是垄断行业企业高管薪酬与其承担的社会责任不成比例。众多学者和民众开始呼吁提高垄断行业企业上缴红利比例，以补充社会保障资金缺口等民生支出类公益项目。由于非对称信息博弈的普遍存在，最优激励契约不可能实现。股东无奈做出"次优"选择——设计与公司绩效相联系的高管薪酬契约，同时，与高管人员风险共担（Jensen，Murphy，1990）。而我国制度变迁的"路径依赖"性以及相关制度短缺使垄断行业企业在改造过程中出现了严重的公司治理结构失衡和"内部人控制"现象，进而模糊了企业绩效与高管努力的关系。值得注意的是，垄断行业企业高管薪酬增长较快，而高管的边际生产率却不可能发生相应的变化。同时，如果考虑难以量化的"隐性收入"，垄断行业企业高管的"真实"薪酬可能会远远高于其公开披露的数字。这就为高管薪酬研究提出了新的课题：当前垄断企业薪酬制度是否与垄断组织的发展相适应或相匹配？垄断行业企业高管薪酬究竟是高还是低？如何才能准确计量并正确评价我国垄断行业企业的高管薪酬水平？垄断行业企业高管薪酬飙升的原因是什么？目前垄断行业企业高管薪酬制度的设计是否存在内在合理性和合法性？薪酬制度设计是否与企业绩效相匹配？哪些因素决定了垄断行业企业的高管薪酬？哪些因素的影响最为关键？不受市场优胜劣汰机制制约的垄断行业企业，其绩效中有多少是高管努力的贡献？有多少源于垄断优势？以企业绩效为主要依据制定的高管薪酬契约能否反映企业的"真实"绩效？如果考虑由垄断利润增加的高管薪酬数额，垄断行业企业高管究竟是激励不足还是激励过度？在货币收益激励不足的情况下，控制权收益就会成为对高管最有效的激励机制。垄断行业企业高管薪酬背后是否有管理层权力的控制？管理层权力会不会导致控制权收益激励的扭曲？控制权收益是否货币收益不足情况下的有益补充？管理层权力是否影响甚至决定了垄断行业企业高管薪酬契约的厘定，从而扭曲了控制权收益的激励效果？目前这些问题仍在探讨中。这客观上要求我们必须尽快进行垄断行业企业高管薪酬制度理论的创新，形成独具特色的薪酬体系。因此，本研究以我国垄断行业企业高管薪酬制度为主题，研究行业垄断及管理层权力因素对高管薪酬的作用，形成公平合理的薪酬体系，对促进社会公平、提高经济效率具有重要的理论意义和现实意义。

1.2 研究意义

1.2.1 理论意义

首先，垄断行业企业高管薪酬制度的研究将为垄断企业高管是否存在"激励过度"现象提供新的理论依据。根据委托代理理论，如果信息是完全的，最优的薪酬激励契约应该是股东根据高管人员的努力程度决定薪酬的支付，并承担全部的风险。但事实上，信息不对称的普遍存在使得最优激励契约不可能实现，股东只能退而求其次，做出"次优"选择——设计与公司绩效相联系的高管薪酬契约，同时，与高管人员共担风险（Jensen，Murphy，1990）。而制度变迁的"路径依赖"性以及相关制度短缺使我国的垄断企业在改造过程中出现了严重的公司治理结构失衡和"内部人控制"现象，弱化了高管努力程度与企业绩效之间的相关度。如果考虑行业垄断优势，我国垄断行业企业高管薪酬是否存在"激励过度"？对此，本研究构建了垄断行业企业高管薪酬与企业绩效之间关系的理论模型，并进行深入分析。

其次，垄断行业企业高管薪酬制度的研究将为丰富公司治理理论提供新的分析思路。目前，学术界对新兴市场国家中公司治理实践与效果的决定因素的理解依然相当有限（Claessens，Fan，2002）。特别地，在转型经济国家里，公司治理结构本身又在不断发生着改变（Djankov，Murrell，2002）。在我国的垄断行业企业公司治理过程中，大部分所有者没有参与博弈，在各利益相关者之间，客观上存在着损害所有者利益基础上的共同利益，因此，委托代理双方难以达到基于企业价值最大化目标的激励与约束之间的均衡状态。本研究以我国垄断行业企业高管薪酬为研究对象，将为丰富公司治理理论提供新的研究思路。

最后，垄断行业企业高管薪酬制度的研究有利于丰富产业经济学、新制度经济学、企业理论、会计学、财务学等相关学科的研究内容。国内外学术界对垄断、薪酬制度与企业绩效差异根源问题的研究往往自成体系，研究主要集中在垄断行业企业绩效评价、高管薪酬与企业绩效、国有企业薪酬激励等问题的探讨上，而对行业垄断、高管行为、管理层权力、企业绩效与高管薪酬制度相互作用关系的认识还不是十分清晰。从事垄断行业企业高管薪酬制度的研究将会融合相关学科的知识内容，为这方面的研究增加新的思路。

1.2.2　现实意义

首先，垄断行业企业高管薪酬制度研究是解决垄断行业企业代理问题的重要方式。信息不对称以及两权分离，产生了现代企业的委托代理问题（Fama，Jensen，1983），包括经理人员偷懒、无效率的并购（张鸣，郭思永，2007）、投资过度或不足（Holmstrom，Weiss，1985）等，都可能影响企业价值最大化目标的实现。制定有效的高管薪酬契约便被认为是兼容股东与高管人员目标的机制之一（Jensen，Meckling，1976；Jensen，Murphy，1990）。因此，研究垄断企业高管薪酬制度将有助于董事会、企业治理者和管理机构根据企业当前的经营战略来设计高管的最优动态薪酬契约，从而减少代理成本。

其次，垄断行业企业高管薪酬制度研究是推进我国薪酬制度变迁的重要力量。剖析影响或决定高管薪酬的因素、制定合理的高管薪酬水平、优化高管薪酬结构、采取多样化的激励工具并充分发挥各自的激励效应，是我国高管薪酬制度发展的重要趋势。在此背景下，洞悉我国垄断行业企业内外部环境的变化，持续学习有关薪酬的知识，注重实效的试验，最终寻求适合于垄断行业企业的薪酬战略，以期推动薪酬制度的变迁。

最后，垄断行业企业高管薪酬制度研究是完善我国垄断行业的公司治理机制的重要途径。我国的垄断行业企业正处于公司化改造之中，取得了一些进展，但是仍缺乏有效地企业治理机制。这不仅是一个企业改革问题，也关系到我国垄断产业重组与政府改革问题。而高管薪酬制度是公司治理的核心问题。

因此，研究我国垄断行业企业高管薪酬制度，对深化和完善垄断行业企业公司治理机制有着重要的推动作用。

1.3 研究对象与研究方法

1.3.1 研究对象

以我国垄断行业企业高管为研究对象，通过实证分析我国上市公司的高管薪酬数据，遵循"现状描述→理论解释→实证检验→政策建议"的思路，对我国垄断行业企业高管薪酬问题进行系统研究。

1.3.2 研究方法

本研究主要运用规范分析与实证研究结合的方法。首先，在理论研究阶段，以规范分析为主分析总结我国垄断行业的特征，并据此归纳出垄断行业企业高管薪酬的影响因素，包括企业绩效、公司治理机制、企业基本特征、高管控制权和权变因素等，并在此基础上，构建我国垄断行业企业高管薪酬制度的理论分析框架；其次，在实证研究阶段，通过设计面板数据（Panal Data）模型、运用统计软件检验本研究的理论假设。在研究具体问题时拟采用具体适当的研究方法：

第一，比较分析。为了准确把握垄断行业企业高管的薪酬水平和薪酬结构，本研究对全部样本进行分组，区分垄断行业上市公司、非垄断行业上市公司和全部上市公司这3类样本，比较其高管薪酬之间的差异，并分析原因。

第二，权变分析。权变性研究的理论基础是权变理论（Contingency Theory）。将权变观点引入高管薪酬制度研究，根据垄断行业企业所处的内外部环境和条件的变化，寻求差异化的适合垄断行业企业的高管薪酬制度，这将有助于我们在企业发展过程中更好地做出选择。

第三，面板数据模型分析。运用面板数据模型等现代计量经济学的最新成果，深入分析我国垄断行业企业高管薪酬的影响因素与高管薪酬的相关性，为构建与垄断组织相匹配的高管薪酬制度提供理论依据。

第四，主成分分析（Principal Component Analysis）。在划分垄断行业与非垄断行业以及分析管理层权力合成指标时，分别提出与分析目标有关的多个因素或变量，而每个因素或变量都在不同程度上反映分析目标的某些信息，再将多个因素或变量通过线性变换以选出较少个数的重要因素或变量，但这些新因素或新变量仍然能够尽可能地保持原有信息。

1.4　研究思路与结构安排

1.4.1　研究的基本思路

本研究以我国垄断行业企业高管为研究对象，对我国垄断行业企业高管薪酬制度问题进行系统性研究。如图1-1所示，本研究的基本思路如下：

第一步，回顾高管薪酬激励的相关理论并梳理中外研究结论；

第二步，构建行业划分指标体系，以量化的形式划分我国的垄断行业与非垄断行业；

第三步，立足于我国垄断行业的特征分析影响高管薪酬的因素；

第四步，运用委托代理理论构建我国垄断行业企业高管薪酬契约的理论模型；

第五步，查阅上市公司年报以及Wind、CCER、CSMAR等数据库，获取与高管薪酬分析有关的公司治理、公司财务等数据，对我国垄断行业上市公司高管薪酬水平、在职消费、垄断租金薪酬、公司绩效、公司治理结构等进行描述性统计分析；

第六步，建立面板数据模型，实证检验企业绩效、公司治理机制、企业基本特征、高管控制权、权变因素等与高管薪酬之间的相关性或敏感度；

第七步，根据描述性统计分析结果以及实证研究结论提出相应的政策性建议。

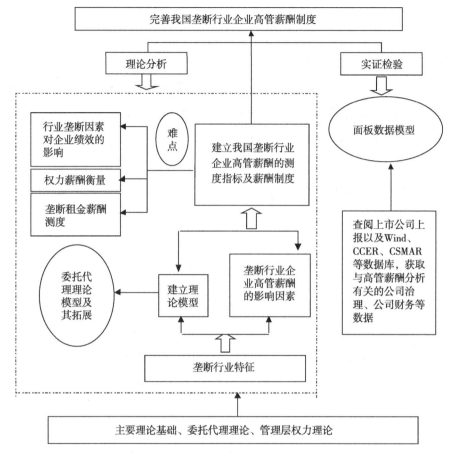

图1-1　本研究的基本思路

1.4.2　研究框架

本书包括四部分、八章内容。

第一部分包括第1章、第2章和第3章，主要是本书的导论，以及对与本书相关的国内外文献进行述评，并在此基础上剖析我国垄断行业企业高管薪酬的影响因素，确立垄断行业企业高管薪酬制度分析的逻辑起点，为后文垄断行业企业高管薪酬的实证研究及制度理论范式的构建奠定基础。各部分间的结构关系如图1-2所示。

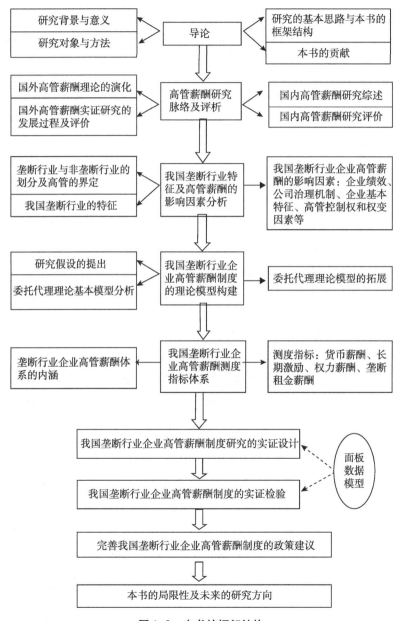

图1-2　本书的框架结构

第二部分包括第4章和第5章，主要任务是构建本研究的理论模型、提出检验理论模型的研究步骤，并以此为理论依据确定垄断行业企业高管薪酬的测度指标体系。

第三部分是实证研究部分，包括第6章和第7章，主要是对本研究所建构的理论模型进行验证。

第四部分为第8章，在实证研究结论的基础上提出完善我国垄断行业企业高管薪酬制度的政策建议，总结本书的研究结论、取得的成果与存在的不足，并提出后续进一步的研究方向。

1.5　本书的贡献

本书的贡献包括三点：

第一，完善了我国垄断行业企业高管薪酬制度的理论模型。首先，将垄断优势、代理人的代理能力水平、代理人的努力程度3个因素引入科布—道格拉斯生产函数，并构建了垄断行业企业高管薪酬制度的一般委托代理模型；其次，考虑到现实背景中，代理人常常面临着多项任务，因此对委托代理模型做了进一步的拓展，优化了多任务委托代理关系中的高管薪酬激励机制。

第二，建立了我国垄断行业企业高管薪酬的测度指标体系。针对我国垄断行业企业设定其适用的高管薪酬测度指标，包括货币薪酬、长期薪酬、权力薪酬和垄断租金薪酬。由于权力薪酬、垄断租金薪酬的难以计量性，目前对此做实证研究的文献较少。尤其是对于垄断租金薪酬的界定与测度，目前鲜有文献涉及，本书拟在此方面有所突破。

第三，提出了完善我国垄断行业企业高管薪酬制度的政策建议。主要包括合理确定我国垄断行业企业高管薪酬制度影响因素的重要作用；建立科学的企业绩效考核体系；约束高管权力，规范垄断行业企业高管薪酬制度的内在支持等。

第2章 高管薪酬研究脉络及评析

2.1 国外高管薪酬研究脉络及评析

2.1.1 国外高管薪酬的研究发展过程

1.国外高管薪酬的研究对象

高管薪酬问题研究一般都假设CEO（首席执行官）薪酬是解决公司委托代理问题的最好办法。但是有充分的证据和经验表明，CEO和其他高层管理人员虽有部分职责重叠，他们的主要职责和专业领域往往存在很大差异。因此，高级行政人员（Senior Executive）之间的薪酬计划是很少相同的（Finkelstein，Hambrick，1996；Henderson，Fredrickson，1996）。同样，锦标赛理论（Tournament Theory）规定，当高级管理人员面临"难以监控，信息不对称"等问题时，薪酬表现的差别很大。然而，这些观点都忽略了一个重要问题，即高层管理者一般都是作为一个相互依存的"团队"（即高层管理团队，Top Management Team）的一部分而存在的（Hambrick，Finkelstein，1995）。因此，在后来的研究中，西方国家的研究者一般假定设计CEO薪酬和高层管理团队薪酬时考虑的因素是一致的（Carpenter，Sanders，2002），从而将CEO界定为高管薪酬实证研究的对象。

2.国外高管薪酬理论的发展脉络

追根溯源，在科斯打开企业"黑箱"之前，经济学中并未涉及高管激励问题，是委托代理理论为研究高管薪酬契约提供了坚实的理论基础。之后，Jensen 和 Meckling（1976）构建了涵盖所有制结构、资本结构、债务契约和薪酬激励等内容的旨在降低代理成本的一系列财务契约关系，引发了众多学者对高管薪酬激励的研究。20世纪90年代，有关此方面学术研究成果的增长甚至超过了高管薪酬本身的增长（Murphy，1999）。尤其是在宏观经济下滑或股市遇险时期，高管薪酬问题更是被广泛探讨。作为高管薪酬研究基石的影响变量涵盖诸多方面，包括企业绩效、企业规模、公司治理结构、高管人力资本特征、行业薪酬基准和管理层权力等。此部分综述以高管薪酬理论的发展脉络为逻辑线索展开回顾。这种组织思路的依据在于，不断发展和丰富的高管薪酬理论，为更加全面地研究高管薪酬影响变量提供了坚实的理论基础，不断充实高管薪酬影响变量的内容，为研究高管薪酬问题提供更广阔的视角。

1）委托代理理论

委托代理理论（Principal-agent Theory）来源于早期研究高管薪酬的主流学派，是薪酬契约研究的最重要的贡献之一。该理论建立的基础是非对称信息博弈，认为企业的实质是"一系列契约的联结"。由于企业所有权与经营权分离的存在，有可能出现一种契约关系——委托人聘任代理人，托付部分决策权给代理人，并由代理人执行某些行动（Jensen，Meckling，1976）。当企业的经理不是完全的企业所有者时，他就不可能有完全的积极性，经济后果就是企业的价值小于经理是完全的企业所有者时的价值，二者之差即为代理成本。Jensen 和 Meckling（1976）指出代理成本的内容包括3个方面，即监督费用（委托人支付）、保证费用（代理人支付）和剩余损失。所谓剩余损失是指在大多数的委托代理关系中，信息不对称和不完备导致的代理人决策与股东财富最大化的委托人决策之间产生的一些偏差。代理成本产生的根本原因是委托代理双方有着不一致的效用函数，委托人追求企业价值最大化，而代理人追求自身效用最大化，即更多的闲暇时间、更高的工资收入以及奢侈性消费需求的满足等，不同的效用函数导致二者利益的冲突，表现在两方面：事前的信息不对称引发的逆向选择和事后的信息不对称导致的道德风险。同时，委托代理双方承担的风险也不一致，相对而言，代理人承担的风险较小，委托人承担的风险较大。正是由于信息的不完备性和不对称性以及风险承担的不均衡性，使得委托代理双方难以实现最优契约，而往往不得不选择"次优"契约点。因此，在信息不完备和利益不一致的情形下，如何设计委托代理双方的最优契约就成为委托代理理论的核心内容。

委托代理理论发展迅速，共出现了两种研究方法：一是"实证代理理论"（Jensen，Meckling，1976）。采用比较直观的分析阐释，建立完善的代理人激励约束机制是降低代理成本、实现股东和企业价值最大化的根本途径。二是"规范代理理论"（Wilson，1969；Spence，Zechhauser，1971；Ross，1973；Mirrless，1975；Holmstrom，1979）。用正式化的数学模型方法建立一套有效的代理人激励约束机制。委托代理理论的模型化方法可以概括为3种：一是"状态空间模型方法"（State space Formulation），该方法的最大贡献是能够得到经济上有信息的解；二是 Mirrlees（1975）和 Holmstrom（1979）发展起来的"分布函数的参数化方法"（Parameterized Distribution Formulation），以及成为后来研究委托代理问题的标准化方法；三是"一般分布方法"（General Distribution Formulation），该方法虽然未能清晰地解释代理人的行动及成本，却是最简练的模型方法。

委托代理理论把企业看作委托代理双方之间的一种契约安排。最优的契约安排应该是在委托人无法完全观测到代理人的行动时，代理人能够与委托人共同分享由其行动产生的收益（Holmstrom，1979）。委托代理理论下高管薪酬的实证研究集中于薪酬绩效的相关性分析，结论却存在很大偏差甚至相互矛盾。Jensen 和 Murphy（1990）剖析了美国公司股东财富对 CEO 薪酬变动的边际影响，发现股东价值每增加1000美元，CEO 直接薪酬增幅最大的只有0.03美元，CEO 总薪酬（包括与股权、期权有关的全部收益）也只增加3.25美元，CEO 薪酬发挥激励的作用非常微弱。Main（1991）通过分析英国最大的241家工业企业的数据，也得出 CEO 总薪酬变动与股东利益激励弱相关的结论。Tosi 等（2000）也认为企业经营者报酬中只有不到5%的成分可用绩效来解释。Kerr 和

Kren（1992）以现金薪酬加股票期权的变动为因变量，得出现金薪酬和产业相对收益正相关的结论。甚至 Takao 和 Cheryl（2006）认为高管薪酬与企业绩效负相关。具体到垄断企业，高管薪酬对企业绩效的敏感性要更弱（Joskow，Rose，et al.，1993；1996）。薪酬绩效的这种弱相关性被视为不符合标准的代理理论。

与这些研究结论相反，后来的很多研究表明，CEO 薪酬水平和公司绩效正相关。Kaplan（1994）分析发现，日本和美国的高管激励与企业绩效、股票收益均存在相关关系。Mehran（1995）随机选取了美国 153 家制造业公司，通过对其 1979—1980 年的 CEO 激励结构与企业业绩关系的实证研究，得出企业业绩与 CEO 持有的股权及其他形式报酬的比例均正相关的结论。Hall 和 Liebman（1998）则认为高管货币薪酬与企业经营业绩之间存在显著的正相关关系。高管有权收取业绩薪酬，如年度奖金或长期薪酬激励。尤其是在薪酬战略中设置业绩阈值（Performance Thresholds）时，薪酬计划被认为是最佳的，因为业绩阈值增加了薪酬业绩的敏感性（Zhou，Swan，2003）。因此，对 CEO 进行恰当激励能大大提高公司业绩。尤其是近年来，随着 CEO 所持股票期权的增加，众多的研究结论均表明薪酬与绩效之间呈显著正相关。企业也倾向于根据绩效制定高效能的薪酬激励机制（Jensen，Murphy，1990；Dow，Raposo，2005），譬如使用股票期权计划、延长股票持有期限并引进一些下跌风险补偿方案等。CEO 薪酬也会由于股票和股票期权在持有期间内与企业绩效的敏感性而得到大幅提升。同样，为了规避风险和获取收益，CEO 也会寻求更多的绩效工资和更高水平的薪酬激励。20 世纪 90 年代末期，美国股票市场上对冲基金等金融衍生工具的蓬勃发展与基于股票激励的薪酬增长相吻合，就很好地说明了这一点（Michael，2010）。但是，在大量以股票为基础的薪酬方案确实很好地解决了代理问题（Lavalle，2001）的同时，股权激励（尤其是股票期权）也存在着一些潜在缺点，如易造成管理者过度冒险和短期行为等（Holden，2005）。

对这些矛盾结论产生的原因有大量的解释，包括数据收集方式不同、统计方法不同、样本选取的期间不同、存在不同的调节变量、共线性等问题（Gomez-Mejia，1992）。面对相互矛盾的结论，对高管薪酬问题的研究出现了两种趋向。一是人们意识到委托代理理论很难完全解释高管薪酬问题，20世纪80年代以后，越来越多的学者开始研究决定薪酬的其他因素。二是研究者们关于企业绩效的定义不仅仅局限于会计指标，出现了多元化的发展趋势。具体包括会计指标、市场价值指标和社会责任指标等。

委托代理理论对高管薪酬制度研究的重要启示在于：

第一，由于委托代理关系中的信息不对称性和风险承担的非均衡性，要使委托人利益达到帕累托最优，代理人的薪酬契约中必须包含风险收入。极端情形是，代理人报酬全部由风险收入组成，即企业所有者和经营者已合为一体，代理人完全享有企业的剩余索取权，此时，激励机制达到最优。

第二，对代理人实施有效监督是重要的。监督可以降低信息不对称的程度，减少代理成本。

第三，使用"相对业绩评估"，即在衡量企业绩效时，可以参考同行业中其他可比企业的绩效信息（黄群慧，2000）。

第四，当代理人行为很难被证实时，利用"声誉效应"是十分有意义的。Fama（1980）提出了经理人"事后清付"（Expost Settling）概念。从长期看，经理人必须对其行为负责，因此，即使在没有显性激励合同的情况下，经理人为了在经理人市场上改进自己的声誉，从而提高未来收入，也会努力工作。随后，Holmstrom（1982）将这一思想进行了模型化处理，证明"声誉效应"确实可以在一定程度上缓解代理问题，也就是说，隐性激励机制同显性激励机制一样重要。

2）锦标赛理论

锦标赛理论（Tournament Theory）解释了高管的高额薪酬及薪酬差距问题。锦标赛理论是由Lazear和Rosen（1981）共同提出来的，他们在研究委托代理关系时，运用博弈论方法阐释了薪酬差距现象。如果代理人薪酬和企业绩效像预期的一样存在相关性，锦标赛理论可以更好地阐明代理人工作的努力程度，这样既可以降低代理风险和代理成本，又有利于激励机制的强化

(Lazear，Rosen，1981；Green，Stokey，1983)。Simon（1957）研究发现，不同层级间约保持着30%的相当稳定的薪酬水平差距，这也证明了高管薪酬和其层级水平相关联。Ungson 和 Steers（1984）也认为企业高管薪酬是其地位要求的函数。因此，锦标赛理论认为，只要晋升的结果尚不明晰，员工就会不断地为了晋升而努力工作，并主张企业通过职位的晋升激励员工。

3）现代人力资本理论

人力资本议题被引证作为高管薪酬方案的一个潜在因素和解释。现代人力资本理论（Theory of Human Capital）由经济学家 Schultz、Theodore 和 Becker、Gray 等在 20 世纪 60 年代建立，其贡献在于将人力资本视为资本的一种形态，在企业契约中，人力资本和物质资本一样享有参与企业收益分配的权利。这为高管薪酬契约的设计提供了理论依据。

常用来表示高管人力资本变量的有年龄和任期（Murphy，1986；Hogan，McPheters，1980）、教育背景（Agerwal，1981）以及 CEO 个人竞争力（Murphy，Zabojnik，2004）等。普遍认为，随着高管年龄的增大、任期的延长、受教育程度的增加，他们越希望得到更多的、更稳固的与企业绩效相匹配的薪酬水平。在这些人力资本变量中，高管人才竞争市场的存在以及企业对稀缺高级人才的竞价（Bidding），使得高管个人竞争力成为决定其薪酬水平经济合理性的重要因素（Michael，Bognanno，2010）。高管的全面技能（更强调高管人员拥有的能够在企业之间相互转移的技能）越强，则其薪酬增长越快（Murphy，Zabojnik，2004）。Tervio（2003）提出了一个竞争力分配模型，指出高管薪酬取决于企业之间异质性投标的结果。才能各异的高管应该与企业竞争力相匹配，即最大的企业拥有顶级的人才，也为顶级的人才支付最多、最合理的报酬。此外，个人能力差异小的高管之间会由于所处的企业规模等因素影响而产生薪酬的大差距（Gabaix，Landier，2008）。高管个人竞争力也能够部分地解释薪酬增长以及高管薪酬的国际分歧问题。如大规模公司的支付基准，给高管提供无限制的股票（Unrestricted Stock）以增加其薪酬，使用长期激励措施等（Giannetti，2009）。

与委托代理理论以降低代理成本，解决代理问题的目的不同，人力资本理论强调的是，高管由于是人力资本产权的所有者而享有企业剩余索取权。将人力资本变量引入高管薪酬问题的研究，是与现代产权理论为了实现外部性内在化最有效的产权制度安排，而将收益权和控制权相结合的基本理论相吻合的。因此，充分考虑人力资本变量，设计包括股票期权在内的多元化的薪酬制度，能够更好地激励管理者努力工作，最大限度发挥其才能。

4）需求激励理论

需求激励理论（Theory of the Level Demand）从个人的需求层次、工作动机和目的等方面来研究高管薪酬问题。需求激励理论具体包括Maslow（1943）的需求层次理论、Herzberg等（1959）的双因素理论和Alderfer（1972）的ERG理论。Maslow认为人的多种需求，包括生理需求、安全需求、社会需求、尊重需求和自我实现的需求，会同时影响人的行为，一旦某个层次的需求得到满足，它就不再是激励因素。Herzberg等提出的双因素指激励因素和保健因素。前者指成就、机会、安全、晋升和责任等，后者包括同事关系、工作环境和工作待遇等。满足激励因素能使高管满意，而保健因素只能防止高管产生不满意。ERG理论由Alderfer等提出，该理论关注三种需求，即生存（Existence）的需求、相互关系（Relatedness）的需求和成长发展（Growth）的需求。ERG理论将成长发展需求独立出来，表示了个人谋求发展的内在愿望。需求激励理论在高管薪酬契约制定中的启示是，人在一定时间段内有着多方面的需求，包括物质需求和精神需求。同时，这些需求是多层次的，如果较高层次的需求难以得到满足的话，较低层次的需求就显得尤为重要。

5）期望理论

期望理论（Expectation Theory）注重对薪酬激励过程的研究。期望理论由Vroom（1964）在《工作与激励》一书中提出。该理论认为，激励手段对人类行为的激励力（Motive Force）受到目标效价（Value）和期望率（Expectancy）两因素的影响，即$F=VE$。提高目标的价值或者目标实现的可能性，就能达到激励的作用。但是，这两个因素都是主观变量，不同的人对目标效价和期望率的估计不同，即便同一个人在不同情况下对目标效价和期望率的估计也可能会发生变化。因此，Porter 和 Lawler（1968）对 Vroom 的期望理论作了改进，增加了四个因素，即个人素质与能力、工作条件、对组织的期望和激励的公平性。Porter 的重要贡献在于，它揭示了薪酬激励与企业绩效之间并不是简单的因果关系。并不是设置了激励目标、采取了激励手段，就一定能对高管薪酬激励产生预期的效果，还必须考虑组织分工、个人能力、薪酬的激励内容、激励制度、激励效率、公平性、满意度等一系列综合性因素。但是可以肯定的是，薪酬与绩效存在相关性，高管人员认可激励力的效价，再通过自己的努力达到绩效目标，薪酬就会成为对高管激励的强有力的激励机制。

6）最优薪酬契约理论

最优薪酬契约理论（Theory of Optimal Compensation Contract）提出了高管最优薪酬激励契约设计的五个原理。该理论可以追溯到 20 世纪 70 年代，其成立的前提是董事会的有效谈判、市场的有效约束和股东可以行使权力，根据薪酬业绩挂钩的激励原则，通过有效的契约安排将管理者薪酬与股东财富紧密联系起来，以激励管理者基于股东利益最大化而行事（Jensen，Meckling，1976；Milgrom，Roberts，1992）。在委托代理理论分析框架的基础上，通过建立高管薪酬设计的线性模型，对代理问题进行分析求解，得到既符合委托人利益最大化的目标，同时激励代理人追求自身效用最大化的最优薪酬契约；并据此提出了高管最优薪酬激励契约设计的五个原理：分别是信息充分原理、激励作用原理、企业绩效评价监督原理、等薪酬原理和"棘轮效应"原理。Milgrom 和 Roberts（1992）指出，如果存在两类或两类以上高管行为，委托人不能测评出高管在每类行为上的努力程度，那么在设计高管薪酬时，应尽量使各类高管行为具有相等的边际收益。"棘轮效应"对绩效高的高管不具有激励作用，克服"棘轮效应"的最好方法是"标尺竞争"。基于协方差最小并且能反映高管努力程度的充足的信息量而设计的薪酬方案的成本最低，效率最高。

7）管理层权力理论

管理层权力理论（Theory of Managerial Power）正成为解释薪酬绩效相关性

和敏感度、高管薪酬水平、薪酬结构及其变化乃至企业绩效的重要理论。根据委托代理理论，制定合理的高管薪酬契约，使其与企业绩效挂钩，从而将高管个人利益与企业利益结合起来，是解决代理问题的有效途径。但越来越多的研究表明，高管薪酬激励并不必然解决代理问题，高管人员在一定程度上决定着自己的薪酬，导致高管薪酬机制的制定和执行反而成为代理问题的一部分。这就是薪酬契约理论的最新流派——管理层权力理论。

管理层权力理论建立在两大基础上。一是趋同效应（Alignment Effect）假说，即随着高管权力的增加，高管和股东的利益将趋于一致；二是壕沟效应（Entrenchment Effect）假说，即当高管权力增加过多时，高管会运用各种手段谋取自身的利益而忽视甚至损害股东的福利。这两种假说的同时存在导致了管理层权力与企业绩效之间呈现非线性关系（Jensen，Meckling，1976）。管理层权力导致CEO薪酬存在"过度支付"现象。在薪酬制定过程中，CEO对董事会和薪酬委员会产生了较大且"不当"的影响。在企业董事会相对薄弱、外部股东不占据主导地位、高管拥有较多股权的情况下，高管很可能利用其权力影响薪酬的制定，而且高管权力越大，寻租自定薪酬的能力也就越强（Bebchuk，Fried，2003）。Bebchuk、Fried和Walker（2002）针对最优契约理论，充分考虑高管个人在薪酬契约设计中的作用，引入隐藏行为成本（Camouflage Costs）和败德行为成本（Outrage Costs）概念，提出了管理层权力理论，即高管利用权力为自身谋取利益，而获得的超过最优契约下他应该获得的那部分薪酬就构成了租金。

近10年来，高管薪酬绝对值远远高于普通员工的收入，这已是不争的事实。有数据显示，1970年，标准普尔500强CEO平均收入是当时生产工人平均工资的30倍左右。到2002年，按CEO货币薪酬（包括工资和奖金）计算，这个倍数已经上升至近90倍，如果按照CEO总薪酬（货币薪酬、股票期权、股票赠与和其他薪酬的总和）计算，这个倍数已经超过360倍（Hall，Murphy，2003）。对此，研究者们争论的焦点是，CEO高薪是符合经济合理性还是其管理权力在薪酬厘定过程中的表现。CEO薪酬的实际增长已经超越了可以用企业规模、企业绩效以及行业结构变化进行解释的范畴。因为，如果用这些因素变化解释的话，2003 年的 CEO 薪酬应该只有实际发放额的 1/2（Bebchuk，Grinstein，2005）。

前已述及，企业绩效是影响高管薪酬的重要因素。但是，基于企业绩效的薪酬体系可能带来的消极影响，即诱发管理层操纵企业绩效，也是不能忽视的。高管会通过操纵会计盈余或其他严重的会计违规行为而使其股票期权价值上升（Efendi，Srivastava，Swanson，2007），进而增加其薪酬。Healy（1985）在分析分红计划对盈余质量的影响时发现，在经理奖金计划中设定企业盈余的上下阈值，如果当期盈利高于上限值，则经理会运用权力平滑收益，以便能够得到这部分红利；若当期盈利低于下限值，则管理层有可能采取"大洗澡"（Big Bath，即通过当期大量计提各种减值和准备，"清洗"资产负债表，将更多的亏损一并"洗"出，为以后会计期间留有较多的收益空间）手段，仍然能够保证奖金分红。

综上，管理层权力理论对 CEO 薪酬的影响表现在货币薪酬和非货币薪酬两方面。CEO 可能利用权力影响董事会或薪酬委员会制定薪酬的决策，也可能通过操纵会计收益自定薪酬或利用权力满足其"精神需求"。正如 Maslow 等在需求激励理论中阐明的，生理、安全、成就、尊重和自我实现等会影响人的行为，如果某种需求得不到满足，它就会一直作为激励因素存在着。

因此，按照管理层权力理论，高管薪酬激励并不必然减轻代理问题，反而会成为代理问题的一部分（Jensen，Murphy，2004）。由此可见，管理者权力是企业各种契约的重要影响因素。

2.1.2　国外高管薪酬研究评析

高管薪酬激励理论非常丰富，由此可见问题的复杂性。不断发展的高管薪酬理论分别从不同视角分析了影响高管薪酬的变量的内容，这些内容主要集中在经济、政治、体制等方面。

　　国外对高管薪酬问题的研究以及由此引发的可持续研究主要集中在三个方面。

　　（1）高管薪酬激励与企业绩效、企业规模、公司治理结构的相关性已经得到普遍认可，但它们之间并不是简单的对应关系。一方面，契约的不完备性使得高管薪酬契约会受到很多因素的干扰而弱化效用；另一方面，国家宏观经济政策的变动、公司外部治理环境的影响以及高管的盈余管理行为，都会给企业绩效带来"噪声"。因此，后来的研究将注意力转向社会、政治、战略、行业等各方面对高管薪酬制定过程的影响。实证研究也从探讨特定因素转为使用综合模型纳入不同变量，如组织分工、个人能力、行业竞争度、股权集中度、薪酬激励内容、激励制度安排、激励效率、公平性以及满意度等，以更加系统的方法同时考察不同因素对高管薪酬激励的影响，从而避免变量遗失问题。

　　（2）受管理层权力影响，薪酬契约的异质化表现——"黏性"特征（Gaver，Gaver，1998；Jackson，Lopez，Reitenga，2008）会降低薪酬契约效应。薪酬激励与企业绩效之间存在相关性，但这并不意味着薪酬变动与企业绩效变动是同向且同幅度的。当企业绩效增长或下降时，高管薪酬增长或下降的幅度是否同步？高管薪酬随着企业绩效的增长而增长，却未必随着企业绩效的下降而下降？如何改善薪酬"黏性"问题，是要研究的重点课题，尤其是对于处在资本市场体系及公司治理机制尚不完善的经济环境中的我国国有企业而言，高管薪酬受到经济、政治、行业等多方面因素的影响，黏性特征相比民营企业要表现得更为显著。

　　（3）垄断行业企业高管薪酬问题需进一步深入研究。国外专门针对垄断企业高管薪酬进行实证研究的文献不多见，关于垄断企业高管薪酬的理论分析也散见于其他有关公司治理的研究中。我国垄断企业的垄断性和行政性使其绩效很难厘清，这是其高管薪酬备受质疑的主要原因。在高管付出同样努力程度的前提下，垄断企业凭借国家的垄断保护获得远远超过民营企业的利润，而承受的经营风险及财务风险却远低于民营企业。这实际上不符合标准的代理理论，同时有违社会公平原则。与竞争性企业相比，垄断行业企业高管薪酬对企业绩效的敏感性更弱，导致垄断行业企业高管薪酬水平普遍高于竞争性行业的高管薪酬（John，Saunders，et al，2000），而且垄断企业高管薪酬增长速度较竞争性企业要快，即薪酬绩效曲线的斜率更大。原因是，垄断行业受到价格管制和进入管制的保护而处于相对确定的经济环境中，高管工作的复杂性远低于竞争性行业，高管薪酬考核依据的企业绩效并不单单是高管努力的结果。同时，在生产达到均衡时，各生产要素的价格都应该等于该要素产生的边际贡献（哈伯德，奥布赖恩，2010），即高管薪酬应该等于高管拥有的生产要素服务于企业所产生的边际贡献。高管拥有的生产要素越多，这些生产要素所具备的生产力越强，产生的边际收益也就越高，高管因此获得的薪酬激励也就越高。然而，垄断保护制约了高管对于企业边际生产率变化的作用，垄断因素增加了将高管努力从企业绩效中分离出来的成本，削弱了薪酬绩效的敏感性。而竞争充分的行业能够提高会计绩效的可比性，降低从公司整体绩效中分离高管努力的成本。在管理层激励目标多元化（包括经济利益目标和政治利益目标）的背景下，确认企业绩效中有多少来源于高管努力，又有多少是行业垄断保护的结果，从而准确厘定高管薪酬，就成为今后需要研究的重要课题。

2.2 国内高管薪酬研究脉络及评析

2.2.1 国内高管薪酬研究的发展过程

1.国内高管薪酬的研究对象

对于高管人员范畴的界定问题，国内目前尚无定论，但概括起来有五类：

一是会计准则中界定的高管人员，包括董事长、总经理、董事、主管各项事务的副总经理、财务总监、总会计师，但不包括监事。

二是高管人员，包括监事、董事、经理（魏刚，杨乃鸽，2000）。

三是将高管人员界定为董事长和总经理（李增泉，2000；谌新民，刘善敏，2003；周仁俊，杨战兵，李礼，2010）。这种观点认为在大部分企业中，董事长和总经理是企业最高决策者，最具有直接影响公司业绩的能力。

四是认为高管仅指总经理（吕长江，赵宇恒，2008），而不包括其他董事会成员。原因是全权代表股东权益的董事会成员并不参与企业的实际经营活动，其薪酬自然不与企业绩效等主要变量相对应。

五是考虑到数据的可得性和可比性，许多研究者将上市公司年报披露的薪酬水平居于前3名的人员作为高管的研究对象。我国在要求上市公司公布其高管薪酬后，这方面的文献迅速增多。

2.企业绩效、企业规模与高管薪酬问题仍是被反复研究的重点对象

国内研究者分别从政府干预、行业竞争视角（刘凤委等，2007）、国有企业薪酬管制原因视角（陈冬华等，2005）、薪酬黏性视角（方军雄，2009）、管理层权力理论视角（卢锐，2007；吕长江等，2008；步丹璐，蔡青，叶建明，2010）、转型经济中公司治理结构本身具有动态变化视角（辛清泉，谭伟强，2009）等考察了我国上市公司高管薪酬与企业绩效的关系。

李增泉（2000）以1998年我国上市公司为样本，依据公司所处行业、所在区域、企业规模及国有股比例等变量进行分组，运用回归模型进行了检验，结果显示，高管薪酬与企业绩效不相关，但与企业规模高度相关，并存在明显的地区差异。魏刚、杨乃鸽（2000）研究发现，我国上市公司高管人员年度报酬水平偏低，高管报酬只与企业规模正相关，而与经营业绩不存在显著的正相关关系，高管激励机制并没有达到预期的激励效果。陈冬华、陈信元和万华林（2005）选取1999—2002年沪深两市上市公司为研究样本，从国有企业存在薪酬管制的背景出发，重点分析了在职消费的影响因素以及薪酬管制的经济后果。结论表明，企业规模、企业租金、绝对薪酬是影响在职消费的主要因素，国有企业内生于薪酬管制约束的在职消费，与民营企业内生于公司的薪酬契约相比，国有企业中受到管制的外生薪酬安排缺乏应有的激励效率。刘凤委、孙铮和李增泉（2007）以我国沪深股市2450家上市公司为样本的实证检验结论表明，在转轨经济背景下，外部竞争环境和政府干预影响了高管薪酬契约的有

效性，企业绩效的度量评价作用随着政府干预程度的加重而降低；高管薪酬与企业绩效的相关性随着外部竞争程度的降低而更加弱化。卢锐（2007）研究发现，管理层权力的存在一方面拉大了高管之间以及核心高管人员与普通员工之间的薪酬差距；另一方面并没有带来预期的企业绩效的提升。说明管理层权力降低了薪酬绩效的相关性。李燕萍等（2008）采用结构方程模型研究发现，高管短期激励（年度报酬）与公司绩效之间存在显著的正相关关系，但是高管长期激励（持股报酬）与公司绩效之间的正相关关系并不明显。在激励契约完备和不完备两种情形下，高管薪酬、公司绩效与战略并购重组之间关系的显著性水平以及作用路径也明显不同。辛清泉、谭伟强（2009）研究了市场化改革和公司绩效对我国国有企业经理薪酬的作用，结论是市场化改革的进程对高管薪酬呈正向作用，一方面提高了国有企业高管与绩效的敏感度以及市场绩效在高管薪酬契约中的作用；另一方面有可能降低国有企业高管在职消费水平。方军雄（2009）考察高管薪酬激励机制效果时发现，我国上市公司高管薪酬与绩效的敏感性已经显现。但值得注意的是，二者之间的变动呈现"非对称性"，即公司绩效降低时高管薪酬的下降幅度显著地低于公司绩效提升时高管薪酬的上升幅度。高明华等（2010）首次较详细地研究了我国垄断企业高管薪酬问题。他们运用2008年上市公司的横截面数据验证了垄断的"放大效应"，即目前垄断企业高管薪酬水平并不合理，存在激励过度问题。与非垄断企业相比，垄断企业高管可能通过向负责监管的政府官员寻租获得较高的低风险业绩报酬，高管薪酬对绩效的敏感性大大高于非垄断企业（黄志忠，郗群，2009）。廖凯敏（2014）2010—2012年浙江民营上市公司为样本进行研究，以高管—员工薪酬差距为传导媒介，发现在职消费对民营上市公司的高管有一定的激励作用，但是作用不显著。夏宁和刘淑贤（2014）以我国2006—2010年的上市公司为样本，研究了高管薪酬（包括显性薪酬和隐性薪酬）与企业绩效的关系，发现高管薪酬的显性部分可以达到激励经理进而提高企业绩效的作用，隐性部分即在职消费对企业绩效作用不显著。无论企业绩效用两种绩效计量方式的哪种，企业分红都不影响企业绩效。

　　关于我国上市公司高管薪酬与企业绩效关系的研究得出的结论并不完全一致，这其中的原因除了对高管界定的不同、样本选取期间的不同、研究方法的差异外，还应该包括高管个人行为对企业绩效的影响也会反映在高管薪酬上，而且专门针对垄断行业企业的研究相当缺乏。

　　3.高管权力与高管薪酬关系研究

　　关于高管权力的研究虽然始于国外，但因高管权力难以计量，主要还是理论层面的探讨，实证研究尚不多见。很多学者都对高管控制权做了相关解释。在论证"资本雇佣劳动"时，张维迎（1995）指出，对企业出现的信号相应的选择行为的权威即是企业家的控制权。而周其仁（1996）则界定"排他性地利用企业资产"为企业家的控制权。黄群慧（2000）将企业家工作的努力程度以及对企业贡献大小的回报与是否授予企业家控制权、如何制约企业家控制权相联系，并将控制权作为对企业家激励约束的重要因素之一。王克敏、王志超（2007）的实证研究结论显示，强调与绩效相关的高管薪酬有可能诱发盈余管理，且程度受高管权力的反向影响，原因是对于高薪酬的追逐使得权力越小的高管越倾向于利用盈余管理行为增加其薪酬；反之，权力越大的高管会直接利用其权力获取高薪酬，而不会采取高风险、高成本的盈余管理行为。关于这一点，刘斌等（2003）的研究结论也显示，高管采取盈余管理行为的动机主要是增加非公开性薪酬（即隐性薪酬）而不是公开性薪酬（即显性薪酬）。李良智（2003）也对高管显性薪酬和隐性薪酬作了探讨，认为二者在一定范围内具有替代性，同时激励强度足够大的显性薪酬可以将隐性薪酬控制在适度范围内。卢锐（2007）从两职兼任、股权分散、高管长期在位三个维度，实证检验了管理层权力会降低高管薪酬的激励作用。吕长江、赵宇恒（2008）研究了不同管理层权力情形下国有企业高管货币薪酬与企业绩效的相关关系，结论主要有三点：一是存在高管利用其权力自己设计薪酬的现象；二是权力较高的高管人员在获取的同时实现其权力收益，而不需要考虑董事会的要求；三是权力较弱的高管人员更倾向于采取盈余管理的手段操纵利润，从而达到业绩考核和增加其货币薪酬的目的。方军雄（2011）以沪深两市2001—2008年上市公司为对象，从薪酬尺蠖效应的角度研究发现：企业高管权力主导下，业绩上升时，高管薪酬业绩敏感性显著大于普通员工；业绩下降时，高管薪酬存在显著的黏性特征，普通员工薪酬并不存在黏性特征。代彬等（2011）以2004—2008年的国有上市公司为研究样本，研究发现，国有企业高管的确通过权力的运用扭曲了薪酬激励机制，拥有高权力而且又建立政治联系的高管可能出于政治动机的考虑降低了薪酬黏性特征。毛洪涛等（2012）认为薪酬委员会降低薪酬黏性，从而也减小薪酬黏性给公司薪酬激励造成的不利影响。刘星、徐光伟（2012）以2005—2010年国有上市公司为样本，检验了政府管制、高管权力对国有企业高管薪酬刚性的影响。研究发现：高管利用手中权力影响了自身薪酬契约，导致薪酬具有向下的刚性和向上的弹性。薪酬业绩敏感性存在不对称现象，这说明高管利用手中权力具有获取私利的动机。赵纯祥、罗飞（2013）以2007—2011年A股上市公司为研究基础，研究市场竞争、高管权力对薪酬黏性的影响。该研究发现：无论是国有企业还是非国有企业，高管权力对薪酬黏性均存在显著的正向作用，并且随着市场竞争加剧，高管权力薪酬黏性的影响显著增强。罗莉、胡耀丹（2015）以2009—2011年上市公司作为样本，研究内控与企业高管薪酬黏性的关系，发现：高管会利用盈余管理的方法增强业绩敏感性，分组检验发现内部控制可以实质性地抑制高管薪酬的黏性。内控质量好的公司会抑制高管权力，这也从另一方面说明，高管权力会增加薪酬黏性。

这些研究显示，作为一种制度安排，管理层权力在高管薪酬契约中起到了重要作用，而且影响了薪酬–绩效的关系。普遍的研究结论是，存在高管利用其权力进行薪酬寻租和运气薪酬等非业绩付酬现象，而且高管对权力收益的获取并未降低其对货币薪酬追逐的热情。由于高管权力薪酬属于非绩效薪酬，会影响社会公平和效率，因而越来越受到社会关注和研究者重视，也引起了各方的激烈争论。

目前，管理层权力已经成为解释高管薪酬水平和结构及其变化、薪酬与企业绩效相关性和敏感度的重要变量。我国正处于经济转型的特殊时期，新的薪酬体制正在逐步形成，但"内部人控制"现象仍较严重，极有可能使高管运用其权力寻租自定薪酬，降低薪酬绩效的相关性，弱化薪酬契约的有效性。作为一种制度安排，高管权力需要良好的契约安排才能保证权力的执行。在利益最大化目标的驱使下，高管在追求自身利益的同时，有动力也有能力去获得超过其应得薪酬的额外租金。高管利用权力通过操纵会计绩效等方式寻租而自定薪酬，增加显性薪酬激励，也会设法增加在职消费来获取最大限度的隐性薪酬，提升薪酬总水平。从长远来讲，在职消费具有负面效应，会降低企业绩效。但是作为契约不完备的产物，在一定时期、一定范围内，在职消费也具有一定的合理性和必然性。具体到我国而言，由于企业产权基础不同、垄断程度各异、企业的制度环境在不断发生变化，在显性激励不足的前提下，一定范围内的在职消费可以激励管理者努力工作，通过提高企业绩效来获得更高的显性薪酬激励，从而增加自身利益。因此，显性激励与隐性激励共同在对管理层激励效果产生作用。当然，需要对在职消费进行必要的调节控制，避免高管薪酬水平与其贡献严重背离。根据新制度经济学的观点，契约结构内生于制度环境，即当企业面临的制度环境发生变化时，薪酬契约的结构也会随之变化。在我国国有企业改革的制度转型过程中，公司外部治理环境的弱化滋生了管理层权力，公司内部治理结构的不完善又进一步导致管理层权力的膨胀，权力膨胀的直接经济后果就是公司价值受损。因此，在未来的研究中探讨垄断、管理层权力、公司治理和高管薪酬之间的逻辑关系，并分析这种逻辑关系对公司价值的影响，将具有一定的理论价值和现实意义。

4. 国有企业高管薪酬问题研究

近些年来，国有企业高管薪酬问题一直备受政府部门关注。1993年，国务院开始探索实施"国有企业年薪制"。2002年，国务院规定国有企业高管年薪不得超过职工平均工资的12倍。2004年，国务院相继出台了五个关于国有企业高管薪酬管理的有关文件，旨在强化国有企业的高管薪酬管理。事实上，一些金融、电信、石油、烟草等国有企业的高管薪酬远远超过12倍这一红线，如金融业很多高管薪酬是职工平均薪酬的数十倍甚至数百倍。2009年，中央企业负责人平均年薪已达到68万元。面对公众对国有企业高管是否存在"天价薪酬"的持续质疑，中央六部委联合下发了《关于进一步规范中央企业负责人薪酬管理的指导意见》，这也是我国政府首次对所有行业中央企业发出高管"限薪令"，提出负责人基本年薪取决于两个因素：一是公司的职位等级（企业资产、业务范围、业务领域广度等决定）；二是所在企业、所在行业、所在地区的在职职工工资水平加权平均后乘以5。并决定从2009年起对金融类国有企业进行量化绩效考评，金融企业绩效评价结果作为确定金融企业负责人薪酬的重要依据。该意见明确规定了对国有企业高管薪酬的三点限制：与上年度职工平均工资挂钩；与企业业绩挂钩；中长期激励采用谨慎原则。该意见的及时出台为进一步严格规范国有企业、金融机构高管人员的薪酬制度奠定了基础。同时，也警醒企业应严格控制和监管在职消费，建立根据经营管理绩效、风险等级和责任强度来确定的高管薪酬制度。深化国有企业高管薪酬改革，是完善现代企业制度的重要组成部分，也是深化收入分配制度改革的重要任务，对促进企业持续健康发展、加快形成合理有序的收入分配格局具有十分重要的作用。党中央、国务院高度重视规范国有企业负责人薪酬管理。党的十八届三中全会明确提出，要合理确定并严格规范国有企业管理人员薪酬水平。2014年8月29日，中央政治局召开会议，审议通过了《中央管理企业负责人薪酬制度改革方案》，并于2015年1月1日正式执行。该方案首度提出推进这项改革要坚持国有企业完善现代企业制度的方向，健全中央管理企业负责人薪酬分配的激励机制和约束机制，并且明确坚持分类分级管理，建立与中央企业负责人选任方式相匹配、与企业功能性质相适应的差异化薪酬分配办法，严格规范中央管理企业负责人薪酬分配。这也意味着中央企业负责人薪酬管理进入了新阶段。

近年来，对国有企业高管薪酬问题的研究也集中在薪酬维度和薪酬水平两个方面。主要结论如下。

一是信息不对称给国有企业高管薪酬制度的有效实施制造了天然屏障。陈冬华、陈信元和万华林（2005）指出，国有资产管理部门或政府作为国有企业的所有者，面对众多国有企业，天然处于信息劣势，很难低成本地观测到国有企业的经营绩效，这就给事前与国有企业签订有效的激励契约、事后实施有效监督制造了障碍。

二是市场化程度对业绩薪酬有一定的影响。以我国国有上市公司2000—2005年的数据为研究样本，借鉴樊纲、王小鲁和朱恒鹏（2007）的市场化指数，辛清泉、谭伟强（2009）分年度检验了市场化改革对我国国有上市公司高管薪酬的影响。研究结论显示，国有企业高管薪酬与绩效之间的相关性和敏感度在不断增强，其中，市场绩效相对于会计绩效而言更有助于高管薪酬契约的设计和实施。另外，市场化程度较弱地区的国有企业高管薪酬与市场绩效的敏感性要弱于市场化程度较发达的地区。

三是研究者普遍认为，管理层权力是影响国有企业高管薪酬制度及企业绩效的重要因素。主要原因是管理层权力的一个外在的突出表现就是管理者可以直接"控制"财务指标的生成。童卫华（2005）证明国有企业高管低报酬的原因是他们可以通过权力收益获取其人力资本价值，也就是说，将控制权收益考虑进去的话，国有企业高管报酬未必"低"。吕长江、赵宇恒（2008）研究发现，管理层权力使高管人员产生了盈余管理的动机，只是盈余管理的目的因权力大小的不同而有所差异。比较而言，权力较大的高管倾向于利用权力获取高额的权力收益，权力较小的高管则更倾向于追求更高的货币性收益。可见，盈余管理的经济后果是影响了薪酬绩效的关系。权小锋、吴世农和文芳（2010）从薪酬操纵的视角，分析了我国国有企业高管是否通过其权力影响而获取私有收益。研究发现，国有企业高管权力越大，其获取的私有收益越高，只不过中央政府控制的国有企业高管偏好隐性的非货币，而地方政府控制的国有企业高管更偏好于显性的货币性私有收益。同时，高管权力越大，越倾向于利用盈余操纵获取绩效薪酬。

这些研究者的研究结论都表明，衍生于制度转型和治理弱化的外部条件以及内部监督力量薄弱的内部环境下的"内部人控制"现象，使得管理层权力有可能凌驾于公司治理机制之上。可见，管理层权力已经成为影响高管薪酬的重要因素。

2.2.2 国内高管薪酬研究评析

国内研究者从不同角度对高管薪酬问题进行了广泛深入的探讨，企业绩效与高管薪酬问题仍是被反复研究的重点，但是有关垄断行业企业高管薪酬制度问题的相关研究文献还比较缺乏。同时，已有的研究中还有些问题需要进一步探讨。

第一，高管薪酬的影响因素很多，分析清楚哪些因素对高管薪酬具有关键影响至关重要。

第二，行业特征会对企业高管薪酬制度的设计产生重要影响。目前，还没有研究者从垄断行业特征出发去分析垄断行业企业高管薪酬契约激励问题。

第三，高管受到某种激励后，会有不同的行为倾向，特别是确定企业发展方向、资源配置等重大战略行为（李燕萍，孙红，张银，2008）。但目前大多数研究都将高管行为当作一个"黑箱"，撇开高管行为直接去研究高管薪酬与企业绩效的相关性，而忽视了实际影响企业绩效的高管行为的中介作用。

第四，由于权力薪酬具有隐性的特征，难以量化。因此，理论界对权力薪酬仅限于理论探讨，缺乏必要的实证研究。

第五，高明华等（2010）虽然采用赫芬达尔—赫希曼指数（HHI指数）评判出我国目前的垄断行业包括采掘业、水电煤气业、金融保险业、电信业、铁路建筑业、民航业和海洋运输业，提出对垄断企业高管努力的评价不能完全用企业业绩来衡量。但他们并未解释影响垄断企业高管薪酬的关键因素是什么，也未深入研究如何构建我国垄断企业高管薪酬制度。

总之，从一种新的视角探究影响垄断企业高管薪酬的潜在因素已经变得刻不容缓。产业经济学、管理学、企业理论和财务学的研究范式需要转变，应该将垄断、高管行为、企业绩效、薪酬制度等都纳入一个统一的分析框架中。

2.3　本章小结

综上分析，目前国内外有关高管激励问题的理论研究主要有两条主线：经济学思路和管理学思路。

经济学思路的激励理论是从人的自利理性行为假设出发，经过模型设计、经验总结和制度构建而形成的激励理论。主要包括委托代理理论、最优薪酬契约理论、人力资本理论等。管理学思路的激励理论突破了人的自利理性行为假设，从人的心理需求和个体行为角度，进行心理实验和经验总结，揭示了人的需求和偏好的多样性，以及这些复杂的需要和动机是如何影响人的行为的，主要包括锦标赛理论、需求激励理论、期望理论和管理层权力理论等。本研究正是在这些理论的基础上，主要运用委托代理理论和管理层权力理论对我国垄断行业企业高管薪酬问题展开研究。

第3章 我国垄断行业特征及高管薪酬的影响因素分析

3.1 垄断行业企业高管概念界定

3.1.1 本书对垄断行业与非垄断行业的划分

研究我国垄断行业的高管薪酬，首要解决的问题是垄断行业如何判定——在众多的国民经济行业中，究竟哪些行业可以判定为垄断行业？哪些行业属于非垄断行业？垄断行业的垄断程度如何衡量？目前，关于我国哪些行业属于垄断行业尚无统一的说法。对垄断行业与非垄断行业的划分仍是实践操作中的一项难题，结论也因人而异。如何界定垄断行业，是包括本书在内的所有我国垄断行业研究领域的难题之一。无论在技术层面上还是理论层面上都是一个比较难以处理的问题。

虽然准确划分垄断行业与非垄断行业存在一定难度，本书仍试图构建行业划分指标体系，以量化的形式判定哪些行业属于垄断行业。本书拟根据垄断的定义和特征所确定的范围，考虑垄断所涉及的一些无法用变量进行验证或替代的软信息，对行业垄断程度进行间接测算。具体思路如下。

首先，根据经济学及反垄断法中对于垄断含义的界定，建立行业垄断BCMP框架示意图。

其次，分析行业垄断BCMP框架示意图，找寻对行业垄断程度进行测度的指标体系。

最后，采用主成分分析法判定垄断行业与非垄断行业。

1. 行业垄断BCMP框架示意图

垄断的原意是独占（Monopolize），即一个市场上只有一个经营者。从经济学意义上讲，垄断泛指不完全竞争的市场结构。简而言之，垄断指某行业内由一个或少数几个企业操纵的市场状态。在曼昆的研究中，垄断可以分为自然垄断、行政垄断和市场垄断3种类型。经济学严格意义上的垄断只有市场垄断一种形式，是靠市场力量或技术进步而自发形成的垄断，但不是本书关注的重点。原因有二：一是历史的原因，造成我国目前存在的垄断行业是与我国计划经济体制下的国家垄断体制分不开的；二是目前我国国内企业的市场垄断很少，尚不构成我国经济中的主要现象，也未因其垄断行为而造成明显的社会负面效应。因此，本书主要关注自然垄断和行政垄断。

自然垄断产生在规模经济基础之上。传统观点认为，在一定产量范围内，单一企业的产量越大，单位成本越低，因此，唯一稳定且有效的产业组织形式就是独家垄断经营。20世纪80年代后，利用弱可加性理论，经济学家们从生产成本的角度重新界定自然垄断行业的判断依据，即由单一企业生产某产品的成本总是低于由两家及两家以上企业生产该产品的成本总和。从成本效益的角度分析，自然垄断的存在有其合理性，但是，随着市场需求量（产量）的变化和科技的不断进步，自然垄断行业的边界也应该作出相应的调整。

行政垄断产生在政府控制基础之上。政府利用其行政权力采取只允许一家或少数几家企业进入某一市场的行为，造成垄断经营。具体表现形式是行业垄断和地区垄断。行业垄断主要指政府及行业主管部门利用行政职权干预、阻碍、限制其他行业或行业内其他企业参与该行业竞争的行为，其目的是保护垄断行业或某行业内垄断企业的利益。目前，我国经济领域中普遍存在的垄断形式是行政垄断。一些由于资源稀缺或分布不平衡及规模经济的存在而产生的自然垄断行业多是由原先的部门转化而来，与政府间的密切关系并未剪断，政府部门也常常利用一些行政手段保护其所属企业的利益，因此，我国的自然垄断行业也往往存在行政垄断的因素。

本书参照《中华人民共和国反垄断法》（以下简称《反垄断法》）的相关规定界定垄断行业和非垄断行业的界限。

首先，《反垄断法》第一章第三条界定了垄断行为主要包括经营者达成垄断协议、滥用市场支配者地位以及经营者集中。按照国际公认的观点，生产同类产品的企业聚集在一起，为了共同对付消费者、获取高额利润而达成的有关产品价格、产品质量、产品销售等方面的协议，就会形成经济学上的"卡特尔"现象，即垄断企业联合。近年来，我国机票销售的"价格联盟"现象就充分体现了"卡特尔"现象的危害：侵犯消费者利益、妨碍竞争的公平性、不利于社会资源的优化配置等。

其次，《反垄断法》第一章第七条规定，一方面，对那些依法实行专营的、关系国家安全的、关乎国民经济命脉的行业，国家保护其合法经营活动；另一方面，也要有效地规制和调控这些行业的经营行为以及产品或服务的价格。这表明国家认可垄断行业的垄断地位，从法律层面上保护其经营者的合法经营行为，但同时也要保障消费者的利益。

对上述规定进行引申研究，得到图3-1所示的行业垄断BCMP框架示意图。其含义如下：涉及国民经济命脉、国家安全、市场失灵以及政府与市场关系不清晰等因素的行业，国家通过设置行业进入壁垒（Barrier，B）保护其垄断地位，这直接引致这些行业的国有化程度以及行业集中度（Concentration，C）高于竞争性行业。在二者的联合作用下，滋生了垄断行业企业的垄断行为（Monopoly，M），主要表现为制定垄断协议、滥用市场支配地位和经营者集中等，其目标是谋求高额利润（Profit，P）。当然，为了维护消费者利益，国家在设置行业进入壁垒的同时，会制定种种价格规制措施，以抑制垄断行业过高的利润率，但由于信息不对称及规制俘获等原因，实践效果的有效性仍令人质疑。

本章正是试图在图3-1分析的基础上，探索出划分垄断行业与非垄断行业以及对行业垄断程度进行测度的体系和方法，希冀能较准确地完成垄断行业的判定工作。

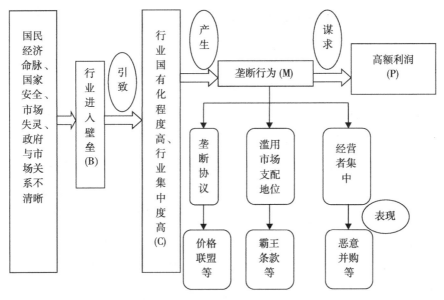

图3-1　行业垄断BCMP框架示意

2.垄断行业与非垄断行业划分指标及数据的选取

基于上述考虑，本书选取划分垄断行业与非垄断行业指标的具体思路如下：

首先，根据前述BCMP框架选取行业集中度、行业国有化比重、垄断结构及行业平均收入为判定行业垄断的主要指标，运用主成分分析法计算各行业的综合排名。

其次，考虑到垄断行业高收入主要来源于行业垄断，民众对此反应强烈。因此，当某行业职工平均工资与全部行业平均工资的占比≥30%（潘胜文，2008）时，作为判定垄断行业的辅助性指标。

综合考虑上述因素后，得出最终结论。具体地，垄断行业判定选取行业集中度、国有化比重、垄断结构、行业平均劳动报酬等指标。

1）行业集中度

国际上划分市场结构依据的最基本、最重要的因素是行业集中度，具体包括行业集中率、赫芬达尔—赫希曼指数（Hirfindhal-Hirschman Index，HHI）

等。赫芬达尔—赫希曼指数是指各市场竞争主体占某行业总收入或总资产百分比的平方和，用式（3-1）表示：

$$\text{HHI}= \sum_{i=1}^{N}\left(X_i/X \right)^2 \qquad (3\text{-}1)$$

理论上讲，HHI指数可以测量市场中厂商规模的离散度，区别公司市场占有率为基础的市场结构，但在我国的实践操作性较差。主要原因是：其一，HHI指数对数据的要求较高。我们很难找到涵盖各行业的市场份额数据，对许多行业而言，精确地划分市场份额往往不具备实践操作性。而在企业报表中，也很难清晰地展示细致的分行业产出。其二，HHI指数含义不够直观。

因此，本研究采用行业集中率（Concentration Ratio，CR）作为测算行业集中度的指标，用以衡量不完全竞争条件下垄断的程度。一般地讲，行业进入壁垒越高，市场结构就越集中，行业垄断程度也越高。某行业的集中率通常为该行业规模最大的前几位企业的有关数值 X（销售额、销售量、资产总额、产值、产量等）的市场占有率。市场结构越集中，该行业的垄断程度就越高。它是最简单可行、最常用的衡量市场集中度的指标，用式（3-2）表示：

$$\text{CR}_n = \sum_{i=1}^{n}\left(X_i/X \right) \times 100 = \sum_{i=1}^{n} S_i \times 100 \qquad (3\text{-}2)$$

具体计算时，取 $n = 4$。

2）国有化比重

考虑到我国垄断行业的特殊性以及市场经济体制的不完善，我国行业的垄断程度往往不能简单地由市场份额来衡量，应结合近年来随着经济发展水平的提高和体制改革的深入，各个行业性质发生的一些变化，综合考虑行业集中度、所有制因素、行政垄断的特性和管理体制。主要依据是：这些行业内企业个数少，存在进入障碍；国有或国有控股企业在这些行业中所占比重较大，符合行政垄断的特性。

此处从两方面选取衡量行业国有化比重的指标：一是国有单位人数占比（SOW），即某行业国有单位人数占该行业全部从业人数的比重；二是国有经济占比（SOC），即某行业国有资本总额占该行业实收资本的比重。可用式（3-3）和式（3-4）表示：

行业国有单位人数占比=行业内国有单位人数÷行业全部从业人数 （3-3）

行业国有经济占比=行业国有资本总额÷行业实收资本总额 （3-4）

3）垄断结构（垄断程度主观判定）

由于客观技术上的成本劣加性，或国家对某些行业通过发放数量有限的"行政许可证"等原因，使一些行业成为垄断行业。垄断结构在这里主要指成本劣加性、行业进入规制程度和价格规制程度等。

一方面，客观技术上的成本劣加性导致单一企业生产某产品的成本总是小于由两个或两个以上企业分别生产该产品的成本总和，即成本函数具有严格的弱增性或劣加性。成本劣加性可以表示为对任意的产出向量 $y_1, y_2, \cdots, y_k$，$0 < y_i < y, y_i \neq y, i = 1, 2, \cdots, k$；有 $C(y_1 + \cdots + y_i) < C(y_1) + \cdots + C(y_i)$ 成立。故而，行业内企业的数量很少，这是企业操纵市场价格的必要条件，如石油和天然气开采业、水的生产和供应业、铁路运输业等。

另一方面，国家对某些行业，如烟草制品业、证券业、银行业、电信业等发放"行政许可证"，使其他企业难以自由进入和退出该行业，致使这些行业成为垄断行业。行业管制是政府干预经济的方式之一，是解决市场失灵、改善经济效率的重要措施，但往往会妨碍行业的充分竞争，最终导致行政垄断。政府通过行政手段为某行业设置进出壁垒，使得这些行业缺乏必要的竞争，且能得到各种政策支持，如无偿使用资源等。具体地，用MS表示是否存在上述垄断结构所述因素，若存在，则MS=1；反之，MS=0。

4）行业平均劳动报酬

在这里，行业平均劳动报酬指标分为两个层次。

一是显性收入（Compensation，C）。取行业人均劳动收入（直接根据统计数据得到的行业平均劳动报酬）对其赋值，包含基本工资、年度（绩效）奖金、津贴、补贴、福利、保险等。

二是隐性收入（Hidden Compensation，HC）。测度隐性收入的思路是，以通过查询统计数据得到的行业平均劳动报酬为基数，加上工资外的各种收入，如在职消费等，即为经过调整后的行业平均报酬（惠宁，郭淑娟，2012）。❶如一些行业的企业在年终或重要节日给职工发放各种名目的奖金和津贴，福利性的工作餐，子女就学、就业优惠，企业年金等，隐性收入是构成垄断行业高收入的重要因素。某些行业职工平均收入较高，且高收入主要源于行业垄断，而非市场机制下的充分竞争或者是高劳动强度、高劳动效率、高危险程度等决定的。这些行业的高收入普遍引起民众的反感。垄断行业平均劳动报酬远高于平均水平，一般都高出同期全国所有行业平均水平的30%以上。但是某些竞争性强的行业，也表现出较高的行业平均劳动报酬，如计算机服务和软件业等。但这些行业高收入并非来自行业垄断，而是源于行业高技术性的特点。因此，行业平均劳动报酬指标只是作为判断垄断行业的参考性指标。

该指标具体根据收入性质分为两类：一是只考虑显性收入时，该指标为某行业职工平均工资÷全部行业平均工资；二是考虑隐性收入后，该指标为包含隐性收入的某行业职工平均工资÷包含隐性收入的全部行业平均工资。如表3-1所示，"行业平均劳动报酬"列中括号内的数据即为此指标值。

表3-1 行业垄断程度测度的指标数据

行业	行业集中率（%）	行业国有单位人数占比（%）	行业国有经济占比（%）	垄断结构	行业平均劳动报酬（元）	
					显性收入	隐性收入
	CR₄	SOW	SOC	MS	C	HC
煤炭开采和洗选业	21.96	44.61	54.66	0	24018.29（1.06）	36739.06（0.94）

❶ 这里借鉴惠宁、郭淑娟(2010)对行业平均隐性收入的测度方法:首先,借鉴王小鲁(灰色收入与国民收入分配,2010)研究报告,基于《中国统计年鉴》(2004—2011)中"分行业职工平均工资"的数据,将所有样本分为最低收入、低收入、中低收入、中等收入、中高收入、高收入、最高收入、剩余样本由低到高八个收入区间;其次,分别根据报告中的分组分析法和模型分析法计算出八个区间的推算收入,取其平均值,并计算调整系数,即推算收入与统计收入的比值;最后,依据调整系数与统计收入数据的乘积得到包含隐性收入的调整后的垄断行业与非垄断行业收入水平值。当然,这只是估算,但我们仍可用以分析显性收入和隐性收入各自对行业收入差距的贡献度。

行业	行业集中率（%）	行业国有单位人数占比（%）	行业国有经济占比（%）	垄断结构	行业平均劳动报酬（元）	
					显性收入	隐性收入
	CR₄	SOW	SOC	MS	C	HC
石油和天然气开采业	56.47	61.75	47.85	1	35713.29（1.48）	64236.37（1.64）
黑色金属矿采选业	22.14	43.30	41.12	0	20715.71（0.88）	29052.23（0.75）
有色金属矿采选业	27.95	45.68	25.16	0	18237.29（0.76）	24000.41（0.61）
非金属矿采选业	7.82	40.47	26.82	0	15093.43（0.64）	18969.29（0.49）
其他采矿业	8.93	53.11	23.68	0	15640.00（0.61）	19469.89（0.50）
农副食品加工业	3.01	16.47	7.99	0	13530.29（0.58）	16762.96（0.43）
食品制造业	5.95	14.08	5.63	0	16017.57（0.67）	20672.05（0.53）
酒、饮料和精制茶制造业	7.99	19.17	12.07	0	16728.57（0.72）	21602.97（0.55）
烟草制品业	31.38	80.68	51.91	1	48295.29（2.04）	89951.58（2.41）
纺织业	2.53	15.22	6.62	0	12538.14（0.54）	15184.30（0.39）
纺织服装、服饰业	3.83	3.32	1.74	0	14774.86（0.64）	18506.59（0.47）
皮革、毛皮、羽毛及其制品和制鞋业	0.62	2.65	0.96	0	14220.57（0.59）	17812.57（0.46）
木材加工及木、竹、藤、棕、草制品业	0.61	17.24	8.99	0	11988.57（0.51）	14300.78（0.46）
家具制造业	1.22	4.28	2.32	0	14744.29（0.63）	18510.19（0.47）
造纸及纸制品业	7.47	14.16	9.84	0	14895.43（0.63）	18669.87（0.48）
印刷业和记录媒介的复制	1.70	31.04	18.46	0	17619.43（0.74）	22744.26（0.58）
文教、工美、体育和娱乐用品制造业	1.55	2.12	2.43	0	14806.43（0.61）	18744.70（0.48）
石油加工、炼焦及核燃料加工业	13.23	33.65	36.15	1	29607.29（1.22）	48250.06（1.23）
化学原料和化学制品制造业	5.72	25.05	19.23	0	19076.00（0.81）	26022.35（0.67）

行业	行业集中率（%）	行业国有单位人数占比（%）	行业国有经济占比（%）	垄断结构	行业平均劳动报酬（元）	
					显性收入	隐性收入
	CR₄	SOW	SOC	MS	C	HC
医药制造业	7.09	15.26	12.84	0	20127.86（0.84）	27743.82（0.71）
化学纤维制造业	11.94	13.36	14.21	0	17522.86（0.72）	22605.84（0.58）
橡胶制品业	5.03	9.37	6.91	0	16619.71（0.70）	21467.99（0.55）
塑料制品业	3.13	4.21	4.47	0	15851.14（0.66）	20468.01（0.52）
非金属矿物制品业	4.74	20.53	11.32	0	14174.14（0.60）	17776.44（0.45）
黑色金属冶炼和压延加工业	20.04	37.84	10.00	0	27534.43（1.12）	44910.69（1.45）
有色金属冶炼和压延加工业	14.05	34.56	29.56	0	20763.71（0.85）	28632.36（0.73）
金属制品业	5.86	9.59	5.87	0	16808.71（0.70）	21701.92（0.55）
通用设备制造业	2.78	22.09	12.12	0	19917.71（0.84）	27155.90（0.69）
专用设备制造业	11.61	30.98	17.87	0	19742.57（0.84）	26967.30（0.69）
交通运输设备制造业	15.64	32.37	17.37	0	24138.86（1.02）	36831.30（0.94）
电气机械和器材制造业	10.85	10.77	6.29	0	19078.43（0.79）	25964.63（0.66）
计算机、通信和其他电子设备制造业	12.78	6.33	6.14	0	24006.43（0.98）	34237.48（0.88）
仪器仪表制造业	2.44	13.56	8.85	0	20962.43（0.87）	28909.50（0.74）
其他制造业	9.16	5.50	6.19	0	14683.14（0.61）	18396.68（0.47）
电力、热力的生产和供应业	19.24	67.69	52.79	1	31059.57（1.36）	50837.72（1.43）
燃气生产和供应业	13.25	57.38	40.88	1	26509.14（1.06）	43359.14（0.98）
水的生产和供应业	8.47	79.61	68.24	1	20731.71（0.86）	28591.28（0.73）
电信、广播电视和卫星传输服务	66.51	94.45	54.26	1	45731.17（1.63）	76258.38（1.95）
邮政业	96.01	94.99	58.20	1	29328.67（1.05）	41090.51（1.05）
铁路运输业	93.29	94.41	69.14	1	35057.83（1.25）	51533.68（1.32）

续表

行业	行业集中率（%）	行业国有单位人数占比（%）	行业国有经济占比（%）	垄断结构	行业平均劳动报酬（元）	
					显性收入	隐性收入
	CR₄	SOW	SOC	MS	C	HC
航空运输业	49.87	52.63	61.01	1	68496（2.44）	153552.47（3.93）
银行业	67.99	53.74	63.21	1	54409.167（1.94）	83534.69（2.14）
证券业	20.05	20.14	41.09	1	130888.5（4.67）	312872.73（8.00）
保险业	62.98	29.78	65.73	1	38942（1.39）	57134.73（1.46）
软件和信息技术服务业	11.78	4.61	6.12	0	66022.5（2.36）	130749.87（3.34）

注：根据我国行业统计口径在2003年前后发生的变化，考虑到行业分类的一致性，本研究在划分垄断行业与非垄断行业时选取时间起点为2003年。数据来源于相关年度的《中国工业经济统计年鉴》《中国统计年鉴》《中国经济社会发展统计数据库》和《中国劳动经济统计年鉴》，其中，2004年相关数据主要来源于《中国经济普查年鉴2004》。邮政业的CR₄用CR₁替代。

3.行业选取依据

行业选取的依据如下。

第一，剔除社会保障和社会组织、国家机关、教育、卫生和社会工作、科学研究和技术服务业、党政机关、地质勘查业和公共设施管理业、公共管理、国际组织、水利环境等行业。没有考虑这些行业的主要原因是，这些行业几乎全部是非营利性单位，没有单位的盈利状况数据。如果在分析时将这些行业加进来，那么分析结果在很大程度上会受到单位性质的干扰，影响样本的同质性。另外，有人认为教育在我国也是垄断行业，但本研究考虑到教育业没有盈利状况的数据，不是营利性机构，而且即便是垄断，也完全是行政垄断。而本研究更感兴趣的是那些存在两种垄断含义的企业。

第二，以工业行业为主。由于计算行业集中率的原始数据来自依据证监会行业分类标准的各上市公司年报资料，比对证监会的行业分类标准和我国国家统计局的行业分类标准，除"废弃资源综合利用业"外，其余行业分类基本一致。因此，本研究选取了38个工业行业。

第三，选取8个重要的第三产业：电信、广播电视和卫星传输服务，邮政业，铁路运输业，航空运输业，银行业，证券业，保险业，软件和信息技术服务业。

最终，本研究选取了共46个行业作为样本。这些行业5个指标的相关年度数据见表3-1。

4.垄断行业的判定——主成分分析法

由于各指标间相关性较高，本书运用SPSS软件，依据上述可以在一定程度上反映行业垄断的5个指标，采用主成分分析法计算主成分分值，进行垄断行业的判定工作，如表3-2所示。

表3-2　相关性系数矩阵表

	CR₄	SOW	SOC	MS	C	HC
CR₄	1.000	0.742***	0.774***	0.713***	0.380***	0.311**
SOW		1.000	0.859***	0.738***	0.259**	0.186
SOC				0.856***	0.472***	0.394***
MS				1.000	0.591***	0.524***
C					1.000	0.989***
HC						1.000

注：***表示在1%的统计水平上显著；**表示在5%的统计水平上显著；*表示在10%的统计水平上显著（单尾检测）。

步骤1，球形度检验。

根据主成分分析方法，KMO的度量标准介于0~1，KMO值越大，表明变量间具有越强的相关性，越适合做因子分析。具体标准是，当KMO>0.900时，表明非常适合做因子分析；当0.900>KMO>0.800时，表明适合；当0.800>KMO>0.700时，表明一般；当0.700>KMO>0.600时，表明不太适合。本研究的KMO为0.774，适合做因子分析（见表3-3）。

表3-3 KMO and Bartlett's Test

	Kaiser-Meyer-Olkin Measure of Sampling Adequacy	0.774
Bartlett's Test of Sphericity	Approx. Chi-Square	356.571
	Df	15
	Sig.	0.000

资料来源：通过SPSS软件计算整理所得。表3-2、表3-4和表3-5同。

步骤2，系数的相关性检验。

具体计算结果见表3-2。

从表3-2可以看出，行业集中率与垄断结构、行业国有单位人数比重、行业国有经济比重存在着显著关系，行业国有单位人数比重与垄断结构、行业国有经济比重存在着极显著关系。可见这些变量之间存在信息上的重叠，相关性较强。

步骤3，确定主成分个数。

如表3-4所示，由协方差矩阵R进一步分析得到主成分的方差分解表。可以看出，提取6个主成分的方差是100%，但是前两个的累计方差贡献率就达到了90.312%。因此，这里只提取两个主成分进行排名测算。❶

表3-4 方差分解主成分分析表

主成分	特征值	贡献率（%）	累计方差贡献率（%）
CR_4	3.970	66.173	66.173
SOW	1.448	24.139	90.312
SOC	0.292	4.863	95.176
MS	0.182	3.034	98.210
C	0.100	1.675	99.885
HC	0.007	0.115	100.000

注：提取方法为主成分分析法。

步骤4，建立初始因子载荷矩阵，解释主成分。

---

❶ 根据主成分个数的原则,特征值要求大于1且累计方差贡献率达80%~95%的特征值所对应的个数中的整数即为主成分个数。

由表3-5可知，第一主成分基本反映了行业集中率、行业国有单位人数比重、行业国有经济比重、垄断结构和行业平均报酬1指标；第二主成分基本反映了行业平均报酬2指标。可见，提取2个主成分的新变量可以作为原先6个变量的替代。

表3-5　初始因子载荷矩阵

初始因子	主成分		初始因子	主成分	
	1	2		1	2
CR₄	0.822	−0.323	MS	0.921	−0.080
SOW	0.803	−0.491	C	0.725	0.684
SOC	0.915	−0.277	HC	0.662	0.743

注：提取方法为主成分分析法。

步骤5，计算综合评分函数。

将表3-1中的数据进行标准化处理，得到的数据用Z_{CR4}、Z_{SOW}、Z_{SOC}、Z_{MS}、Z_C、Z_{HC}来表示。根据主成分的计算公式：

$F_1=(0.822Z_{CR4}+0.803Z_{SOW}+0.915Z_{SOC}+0.921Z_{MS}+0.725Z_C+0.662Z_{HC})÷SQRT(3.970)$

$F_2=(-0.323Z_{CR4}-0.491Z_{SOW}-0.277Z_{SOC}-0.080Z_{MS}+0.684Z_C+0.743Z_{HC})÷SQRT(1.448)$

$F=(F_1×3.970+F_2×1.448)÷5.418$

其中SQRT表示对括号内的数取平方根。

经计算：

$F_1=0.412550Z_{CR4}+0.403014Z_{SOW}+0.459225Z_{SOC}+0.462237Z_{MS}+0.363867Z_C+0.332248Z_{HC}$

$F_2=-0.268420Z_{CR4}-0.408030Z_{SOW}-0.230190Z_{SOC}-0.066480Z_{MS}+0.568423Z_C+0.617454Z_{HC}$

$F=0.230555Z_{CR4}+0.186255Z_{SOW}+0.274973Z_{SOC}+0.320933Z_{MS}+0.418536Z_C+0.408472Z_{HC}$

如表3-6所示，根据前边计算的F_1、F_2以及综合主成分F值，得到综合排名前15的行业。需要说明的是，分别运用F和F_1得出的行业排名中，前15名行业中除软件和信息技术服务业外，其余14个行业是一致的，只是排列顺序稍有不同。由此可知，第一主成分基本可以判定出垄断行业与非垄断行业。第二主成分主要依赖的是包含隐性收入在内的行业平均收入指标，而该指标的计算是根据各行业的显性收入按照一定比例调整后得到的，调整系数以各行业显性收入为基础，显性收入越高，调整系数越大。因此，一直居于所有行业平均收入的前5名的软件和信息技术服务业，由于平均显性收入较高，其隐性收入也较高。但软件和信息技术服务业竞争充分，其高收入主要来源于高技术的竞争优势，并非行业垄断。从这个意义上讲，行业平均收入这个指标并不能很好地单独用于判定行业垄断与否。

综上考虑，本研究界定的垄断行业包括证券业，航空运输业，银行业，烟草制品业，电信、广播电视和卫星传输服务，铁路运输业，邮政业，石油和天然气开采业，保险业，电力、热力的生产和供应业，软件和信息技术服务业，水的生产和供应业，石油加工、炼焦及核燃料加工业，燃气生产和供应业，煤炭开采和洗选业15个行业。

表3-6　垄断行业界定

行业名称	F_1值	排名	F_2值	排名	F值	排名
证券业	2.26653	1	5.05879	1	3.012782	1
航空运输业	1.88292	3	1.09345	3	1.671928	2
银行业	1.71045	6	−0.15483	32	1.211940	3
烟草制品业	1.54157	7	0.11367	17	1.159953	4
电信、广播电视和卫星传输服务	1.81003	5	−0.86326	43	1.095574	5
铁路运输业	2.01844	2	−1.74394	45	1.012917	6
邮政业	1.84527	4	−1.92111	46	0.838677	7
石油和天然气开采业	1.32839	8	−0.51952	37	0.834523	8
保险业	1.28262	9	−0.45902	35	0.817154	9
电力、热力的生产和供应业	1.04636	10	−0.45596	34	0.644854	10

续表

行业名称	F_1值	排名	F_2值	排名	F值	排名
软件和信息技术服务业	0.00459	16	2.37144	2	0.637148	11
水的生产和供应业	0.98814	11	−1.25277	44	0.389240	12
石油加工、炼焦及核燃料加工业	0.49865	13	0.00737	21	0.367352	13
燃气生产和供应业	0.65599	12	−0.54271	40	0.335629	14
煤炭开采和洗选业	0.26375	14	−0.47531	36	0.066231	15

注：1.根据SPSS主成分分析法计算结果汇总整理。

2.鉴于《中国统计年鉴》资料中各行业职工平均工资的"合计"数据是相应统计口径内的所有职工的平均报酬，已经是行业平均工资的人口加权结果，故省去了加权过程。

3.1.2 垄断行业企业高管及高管薪酬评价内容的界定

目前，关于垄断行业企业高管薪酬制度的研究尚不多见，既有高管薪酬制度研究或对所有上市公司不加区分或划分国有企业和非国有企业，或只研究某一行业上市公司，而垄断行业企业和国有企业既有重叠部分，也有相异部分。本研究在采用主成分分析法划分垄断行业和非垄断行业后，利用上市公司的公开数据，其结论能够比较客观、准确地反映不同行业的高管薪酬水平，以及垄断行业企业和非垄断行业企业高管薪酬水平的差异，保证研究结论的客观性。

1.高管、高管薪酬及高管薪酬制度

1）高管

对于"公司高管"的定义，理论界有不同的认识和理解，在制度规范方面也尚无明确而统一的定义。概括地讲，关于"公司高管"的定义主要有4种：一是公司总经理（CEO）；二是公司法人代表董事长；三是包括董事长和总经理两人（李增泉，2000；龚玉池，2001；谌新民，刘善敏，2003；刘斌，等，2003；赵震宇，等，2007）；四是将董事会、监事会和高级管理层作为高管人员（魏刚，2000；胡铭，2003；李维安，张国萍，2005）。目前，国外学者比较认可第一种定义，中国学者对高管人员的定义主要集中于后3种定义。主要原因在于：首先，获取单独的总经理数据的难度大；其次，把研究扩展到高级管理层，更易于得到普遍规律性的结论。

　　参考《国务院关于股份有限公司境外募集股份及上市的特别规定》中的高管定义，即指董事及董事长、正在履行职责的监事、各级经理、财务负责人、董事会秘书以及章程规定的其他高管人员。借鉴2006年颁布的《公司法》以及会计准则中"关联方交易"部分对核心管理人员定义：高级管理人员是指公司的董事长、董事、总经理、财务总监，上市公司董事会秘书和公司章程规定的其他人员等。本书认为，公司高管绩效是高管团队（Top Management Team，TMT）集体努力的结果，高管激励也就等同于高管团队的激励，高管人员包括公司治理结构中的决策层和执行层，即包括总经理、副总经理（Li, et al.，1999；孙海法，伍晓奕，2003）、总会计师、总工程师以及执行董事等。需要说明的是，很多情况下，公司总经理、副总经理等高管人员与执行董事间存在交叉现象，如总经理往往都是公司的执行董事。如果公司董事长兼任总经理，或者董事长同时是执行董事，那么高管人员也包括董事长。

　　2）高管薪酬

　　依据上述对高管的定义，各公司高管人数并不一致，为了评价的一致性和客观性，本书在衡量高管薪酬时，以前3位高管平均薪酬为高管薪酬变量的主要依据。❶

　　3）高管薪酬制度

　　Heneman等（2001）认为，薪酬制度的内容包括以下8项：一是价值对比参照标准：指企业建立衡量雇员价值的标杆以决定其薪酬标准，该标杆可以来自企业内部，也可以来自市场。二是薪酬分析单元：根据薪酬是由工作的任务与责任决定的，还是由雇员的任务和责任决定的，而分为以工作为基础和以雇员的任务与责任为基础两类。三是业绩评价方式：包括行为测量和结果测量两

---

　　❶ 需要说明的是，理论上讲，独立董事不在其所任职的公司领取薪酬，只领取一定的津贴和费用，且一般不拥有公司的股权，其收入很难进入前3位，因此本书探讨的前3位高管薪酬不包括独立董事的薪酬。

种方式，分别关注的是雇员完成任务的过程和结果。四是薪酬整合层次：根据员工个人业绩或者部门业绩决定薪酬支付。五是加薪：即企业视员工努力程度或贡献而不定期地增加其薪酬。六是薪酬管理方式：分为集中管理和分权管理两种，前者以企业为单位，后者以部门为单位。七是薪酬管理时间策略：指薪酬系统的设计和组织系统的设计孰先孰后的问题。八是薪酬沟通方式：指有关薪酬系统的设计与实施是否向雇员开放。

Martocchio（2002）将薪酬制度的内容简化为三方面：一是内部协调体制，指由工作分析和工作评估确定各工作的相对价值，达到内部协调的目的；二是市场竞争工资体系，指根据薪酬调查和公司战略分析制定相应的工资体系；三是工资结构体系，指包含工资范围和工资级别等能够区分不同工作差异以及职工不同绩效的薪酬框架。

何燕珍（2003）分别通过五维度法和九维度法界定了薪酬制度的范畴。前者包括薪酬哲学、企业外部竞争力、基础薪酬与激励薪酬的组合、加薪、薪酬控制标准和方式；后者则更加具体，包括企业内部一致性、薪酬业绩相关性、风险共担、薪酬保密程度、决策的分权程度、等级性、薪酬参与度、岗位（或技能）工资、长期激励等。

方阳春（2006）根据以往研究，认为薪酬制度包括基本工资、薪酬水平决策、不同薪酬的组合、薪酬结构和薪酬制度管理五方面。

借助于已有的研究成果，本书从薪酬水平决策、薪酬结构决策和薪酬制度管理三个方面分析和设计我国垄断行业企业高管薪酬激励机制。

需要说明如下：首先，企业制定高管薪酬水平时的参照标准主要包括企业绩效标准和市场竞争对手标准；其次，确定薪酬激励组合，既包括短期激励，也包括长期激励；既有固定薪酬部分，也有风险薪酬部分；既给高管人员支付货币薪酬，又有一定比例的非货币性薪酬；最后，薪酬制度管理指对薪酬制度的制定与执行进行管理与控制，包括企业绩效评价、风险分担、薪酬管理时间策略、高管的参与程度、薪酬的保密性等。

2. 高管薪酬评价内容

广义的薪酬（Compensation）包括直接的和间接的、内在的和外在的、显性的和隐性的、货币形态的和非货币形态的所有的个人收益。薪酬与人的某种"天生具有形成有价值的技能属性"有关，"不仅是职工经济生存的依靠，而且是其社会地位的象征"（Karl，Fair，1999）。具体由基本工资、绩效奖金、长期激励计划等项目构成。国外的文献中最常见的薪酬概念是总报酬、现金报酬和长期股权报酬。每一种薪酬构成要素都可以满足高管不同的需求（Overton，Bruce，et al.，2003）。

本书以我国证监会2001年修订的《年报准则》❶为基准，界定高管薪酬包括显性薪酬和隐性薪酬两部分。其中，前者指上市公司年报附注中公开披露的、能够可靠计量的高管薪酬总额，包括基本工资、年度奖金、长期股权激励等；后者主要指在职消费等隐性收入。

3.2　我国垄断行业的特征

我国垄断行业的特征可以概括为三方面。

一是不公平竞争性。如前所述，我国的垄断行业主要集中于自然垄断和行政垄断，或者二者兼而有之。无论哪种垄断形式，不公平竞争都是垄断行业最显著的特征。在自然垄断形式下，由于规模经济和成本劣加性的影响，在一定产量范围内，单一企业或少数几家的产量越大单位成本越低，即由单一企业生产某产品的成本总是低于由两家及两家以上企业生产该产品的成本总和。在政府控制基础之上的行政垄断限制其他企业自由进入该行业从而造成垄断经营。同时，对由于资源分布不平衡或资源稀缺以及规模经济的存在而产生的自然垄断行业，政府部门也常常采用行政手段保护其利益。因此，不公平竞争性是垄断行业最主要的特征。

二是自然垄断、经济垄断与行政垄断共存性。纯经济性垄断行业在我国当前经济条件下还不是人们所关注的社会问题，它的出现不但没有损害消费者利

---

❶ 我国证监会2001年修订的《年报准则》中规定：年报中应披露的上市公司高级管理人员（包括现任董事、监事和高级管理人等）的薪酬总额为年度基本工资、各项奖金、福利、补贴、住房及其他津贴等。

益，反而给消费者带来物美价廉的好处，所以本书没有将其纳入研究范畴。如表3-7所示，我国的垄断行业形式表现出自然垄断、经济垄断与行政垄断共存性的特征。例如，煤气公司强制用户购买其指定的燃气灶具，则其行为就表现为经济垄断的特征；对电信市场的准入施行限制就是行政垄断的体现。

表3-7 行业垄断性质分析

行业	企业个数（个）	资产总额（亿元）	销售总额（亿元）	利税总额（亿元）	垄断势力来源
石油和天然气开采业	3	13985	8418	3138	自然垄断、行政垄断、专营
烟草制品业	6	1345	853	580	专卖专营
石油加工、炼焦及核燃料加工业	6	7459	8902	1113	规模经济、专卖
电力、热力的生产和供应业	21	29067	13326	1591	自然垄断、行政垄断
燃气生产和供应业	3	610	328	46	区域垄断、专营
铁路运输业	1	959	324	16	独家垄断
航空运输业	7	3421	1786	69	规模经济、行政垄断
电信、广播电视和卫星传输服务	5	16462	6205	1469	自然垄断、市场分割
合计	52	73308	40412	8022	
占全国比例（%）	0.02	29.95	16.15	45.07	

资料来源：白让让，http://www.doc88.com/p-380623015849.html。

三是不可选择性。对于消费者而言，由于可选择的垄断行业的产品和服务数量很少，要享受这些产品和服务，就只能无条件地接受垄断行业经营者制定的交易价格和产品或服务的质量。

3.3 我国垄断行业企业高管薪酬的影响因素

综观相关文献，早期的研究者大都遵循弗鲁姆（Vroom）期望理论的逻辑思路（见图3-2），采用不同的数据、统计软件、模型和方法对高管薪酬和企业绩效之间的相关性进行实证研究，使激发力量达到最优值。在代理理论和期望理论的基础上，后来学者进一步研究了高管薪酬的影响因素及其对高管激励的作用。总的来讲，影响垄断行业企业高管薪酬的因素包括企业绩效、公司治理机制特征、企业基本特征、高管控制权和权变因素五方面（见图3-3）。下面就对这些因素进行简要分析。

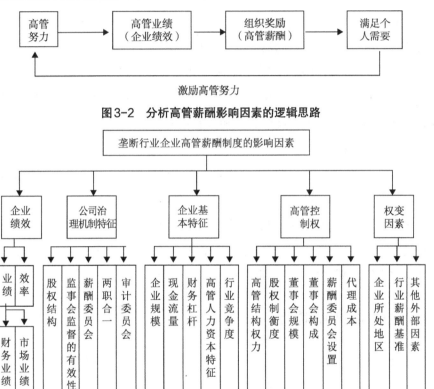

图3-2　分析高管薪酬影响因素的逻辑思路

图3-3　影响垄断行业企业高管制度薪酬制度的五大因素

3.3.1　企业绩效

作为早期研究高管薪酬问题的主流学派，委托代理理论认为企业的本质是委托代理双方的一种契约安排。企业所有者和管理者产生的委托代理问题促使管理层有动力去追求超越股东利益之上的个人利益。因此,公众关注的焦点不应只放在CEO薪酬如何支付的问题上,还有另外一个更重要的问题值得重视,即CEO薪酬与企业绩效的联系(Jensen,Murphy,1990),这也是高管薪酬激励研究的逻辑起点。

根据人事经济学理论,薪酬水平的高低取决于薪酬获得者的产出或绩效。作为企业高级管理者,CEO的产出主要通过企业绩效的提升来实现。然而,正如前文所分析,有关研究高管薪酬与企业绩效相关性问题的文献中,结论并不一致。但是目前,高薪酬应与高企业绩效相匹配,已经得到了研究者的普遍认同。较高的薪酬绩效相关性和敏感性能够促进管理层更加关注于提高企业绩效;反之,较低的薪酬绩效相关性和敏感性则会降低管理者努力工作的积极性,损害企业利益。

从本质上讲,高管薪酬契约是企业治理的核心内容,也是企业实现价值最大化过程中极为重要的一项制度安排。具有激励性质的高管薪酬契约,其目的在于促使代理人的行为选择与委托人目标相一致,这也是长期以来关于薪酬绩效相关性和敏感性方面研究成果非常丰富的主要原因。企业绩效因此被普遍认为是制定高管薪酬时参考的最重要标准。

3.3.2　公司治理机制特征

企业治理是规范所有者、董事会和经营者三者行为的一种制度安排,其本质上就是一个关于所有权安排的契约(张维迎,1995),目的是解决有所有权和经营权分离造成的"代理人问题"(Hambrick,Upper,1984)。

在已有的研究中,公司治理对高管薪酬的影响主要包括四方面:股权结构、董事会监督、薪酬委员会的有效性和两职合一。股权结构对高管薪酬的影响主要体现在股权性质和股权集中度上。董事会的有效监督对高管激励有明显的正面影响,即适度的董事会规模、拥有独立董事、适度的内部董事比例均有利于薪酬—绩效弹性的提高(林浚清,2005)。薪酬委员会的主要职能是设计有效的高管薪酬合约，通过薪酬激励解决代理问题，这也是衡量薪酬委员会有效与否的重要标准。CEO与董事长两职合一（CEO Duality）也会对董事会设计薪酬的过程产生影响（Hambrick，Finkestein，1995），这具体体现在两方面。一方面，虽然如管家理论论述的CEO与董事长两职合一有利于提高高层管理团队的创新自由度，但无疑会降低董事会的独立性，使得董事会难以客观地监控企业高管的行为，削弱在极端情况下董事会替换绩效不佳的高管的能力，以至于降低董事会监督、制约CEO的有效性，损害薪酬设计的公平性；另一方面，CEO也有可能因此而对董事会施加影响，从而尽可能多地增加自身薪酬。因此，CEO与董事长两职兼任会成为高管获取更多收益的手段，不但不能有效地解决代理问题，反而会成为代理问题的一部分。

3.3.3 企业基本特征

企业基本特征对高管薪酬的影响主要体现在企业规模、现金流量、财务杠杆、高管人力资本特征和行业竞争度等方面。

在企业规模对高管薪酬的影响方面，实证研究结论一般都支持CEO薪酬和企业规模间有很强的关联性（Boyd，1994；Pavlik，Belkaoui，1991；Miller，Gomez-Mejia，1996），二者的变化趋势基本是一致的，即随着企业规模的扩大，CEO薪酬也会增长（Murphy，1999）。在对12个经济合作与发展组织（OECD）成员国的比较中，美国CEO薪酬值最高（Abowd，Bognanno，1995）。英国收入最高的CEO排名仅位于美国CEO最高薪酬名单的第97位（Conyon，Murphy，2000），主要原因就是企业规模的影响。随着企业规模的扩大，高管对企业绩效的贡献也会被放大。这也在一定程度上解释了CEO薪酬产生国际分歧的原因（Gabaix，Landier，2008）。

西方文献的实证研究基本上支持了行业特征对经营者薪酬设计的影响。不同行业的公司具有不同的生产经营环境，但同一行业公司的生产经营环境具有很高的相似性。如具有垄断优势的公司由于特许经营、行业保护等因素，其产品或服务拥有较高的市场份额，使企业保持垄断地位，从而有能力给高管以较高的薪酬。

此外，现金流量、财务杠杆和高管人力资本特征也是影响高管薪酬的重要因素。

3.3.4 高管控制权

管理层权力理论阐释了管理层权力是高管薪酬契约的重要影响因素。根据Finkelstein（1992）的界定，管理层权力是指高管人员影响或干预公司董事会或薪酬委员会制定薪酬决策的能力，具体包括组织结构权力、所有权权力、专家权力和声誉权力四方面。据此，我们认为高管控制权可以通过高管结构权力、股权制衡度、董事会规模、董事会构成、薪酬委员会设置和代理成本等指标综合衡量。❶

近年来，对于高管权力与高管薪酬的关系，研究者关注的焦点集中在下面几方面：CEO的高额薪酬是经济合理性使然，还是其管理权力在薪酬厘定过程中的表现？CEO薪酬的实际增长是否已经超越了可以用企业规模、企业绩效以及行业结构变化进行解释的范畴？如何正确认识和解决高管人员在职消费问题等。在管理层权力理论中，在职消费已经成为重要的非物质化激励。

国外专门针对在职消费的理论研究和实证分析比较少见，相关内容主要集中在与公司治理有关的文献中。Jensen、Meckling（1976）认为，在委托代理关系中，委托人即便建立激励和监督机制，也不可能完全杜绝代理问题的发生。为了实现自身效用最大化，管理者倾向于运用其权力增加非货币性福利，因为该行为的大部分成本将由委托人承担。因此，在职消费是委托代理冲突的一种表现，会损害企业价值，造成负面的经济后果。Hart（2001）也认为，作为私人收益的在职消费意味着其财务成本超过了其带来的效率增量。

---

❶具体含义详见第7章实证设计部分。

但与上述观点不同的是，Alchian、Demsetz（1972）认为，委托人杜绝管理者在职消费的机会主义行为所耗费的成本高于因此而增加的收益。因此，允许高管享有"特权、额外津贴和福利"是内生于信息成本的产物。如果在可监督的范围内，委托人无法减少管理者享受的在职消费水平，则相应降低其货币薪酬，这意味着企业总体价值并未受到影响。Rajan、Wulf（2006）的证据发现，在职消费可以提高管理层的工作效率。这些研究结论的矛盾可以用控制权理论解释。

总之，按照控制权理论，高管薪酬激励包括货币性收益和控制权收益两部分，后者常表现为非货币形态的权力收益和自我满足感的实现。一定限度内的控制权收益可以激发管理者工作的积极性，有利于企业目标的实现，但过度追求控制权收益就会损害企业价值。

3.3.5　权变因素

权变因素包括企业所处地区、行业薪酬基准、政策法规、企业所处地区环境和社会文化环境等因素。

1. 企业所处地区

已有的研究表明，公司所处地区不同也会对高管薪酬产生重要影响。陈志广（2002）、李琦（2003）等研究表明，公司所处地区不同会对高管薪酬产生重要影响，一般经济发达地区薪酬水平要高于经济落后地区薪酬水平。李琦（2003）认为，导致这种现象的原因有两方面：一是经济发达地区的企业也会参照当地较高的生活指数来设计高管薪酬；二是经济发达地区较高的市场化程度增加了人才的使用成本和争夺人才的激烈程度。

2. 行业薪酬基准

近年来，行业薪酬基准用于解释CEO薪酬持续增长、CEO薪酬是否受股价影响最大等问题（Bizjak，et al.，2003）。大多数企业都有希望能够有效地影响企业外部对企业价值感知的偏好，因此具有使其CEO薪酬高于同侪团体

（Peer Group●）的CEO薪酬中位水平以上的趋势，即以同侪团体的CEO薪酬中位水平作为行业薪酬基准，将CEO薪酬制定在高于该基准的水平。当然，并非每一位CEO的薪酬支付都能够高于行业薪酬基准，但如果这种倾向成为CEO薪酬中的普遍现象，就会导致行业薪酬基准的"螺旋式上升"（Upward Spiral）（Elson，2003），CEO的薪酬支付也将不断增加。反之，CEO薪酬水平越高，也越有可能促进CEO职位以下的高管为了晋升而努力（Lazear，Rosen，1981）。

20世纪90年代末期，这一说法开始被广泛讨论，后来的研究中将其称为"乌比冈湖效应"（Lake Wobegon Effect●）。同侪团体和行业薪酬基准的应用对企业CEO及其他高管人员的薪酬产生了普遍影响。一个公司CEO薪酬与可比公司的CEO薪酬是正相关的，也是与劳动力市场的良好运作和管理相匹配的。毫无疑问，行业薪酬基准的确定是企业选择高管人力资本现实、有效的机制（Bizjak，et al.，2003）。但是同侪团体的战略选择也可能人为地膨胀CEO薪酬，正如Woolard所言，这样会使企业"看起来更强"。Moran、Morgan（2001）、MacLeod（2003）等研究者在对员工评价过程中采用乌比冈湖效应做解释，公司管理者一般都会将每一位员工的薪酬标示为平均水平以上。

一些企业如美国天主教基金会（The Catholic Funds）还试图利用乌比冈湖效应来审查该公司的薪酬制度。2007年，Hayes、Schaefer（2009）利用博弈论建立了第一个影响CEO薪酬的乌比冈湖效应经济模型。该模型主要依赖于3个假设：管理者创造企业价值的能力存在信息不对称、支付给管理者的薪酬必须能够传达管理者创造企业价值能力的信息、企业具有影响外部人有利地评价企业价值的偏好。并得出3个主要结论：如果企业对高的短期股价有着强烈偏

● 指与某企业在行业特性、企业规模、资本结构、公司治理结构以及市场结构等方面有一定相似度的企业。

● Lake Wobegon Effect原意是"高估了自己"。后来被美国的两位教授Hayes和Schaefer在其题为"CEO薪酬与乌比冈湖效应"的论文中，用以解释美国CEO薪酬不断上升的原因，并将此现象称为"乌比冈湖效应"。

好，则CEO薪酬更多地高于行业薪酬基准；管理者获取薪酬（租金）的能力和其管理能力是相联系的，其薪酬的增加也会带动整个管理者市场评估和管理能力的提升；股东被赋予过多权力的话，可能事与愿违而产生短期行为。此外，CEO可能会利用行业薪酬基准来控制其在薪酬支付过程中的优势，这也使得行业薪酬基准在公司治理结构较弱的企业里更为盛行（Bizjak，et al.，2003）。CEO之间的过度竞争有可能会阻碍团队合作，并引发反效果的努力（Lazear，1989）。

总的来看，对于同侪团体行业薪酬基准的选用，理论界存在两种不同的观点。

一是"有利"论。在信息不对称的金融市场中，如果一个公司承受着大于其他可比公司的压力，CEO薪酬则有可能进一步上升。正是行业薪酬基准提供了富有竞争力的薪酬体制，从而挽留住宝贵的人力资本。同时，薪酬的上升提高了CEO的社会地位，这也间接证明了除了企业绩效之外，社会、政治和体制因素在薪酬确定中的决定作用。

二是"不利"论。同侪团体认定的主要依据是企业规模，行业薪酬基准的使用会加强薪酬与企业规模之间的联系，使得管理人员过于关注企业规模，而忽视股东价值最大化的根本目标。同时，使本企业CEO薪酬高于同侪团体CEO薪酬中位数的意愿会不断提高基准薪酬水平。随着时间的推移，CEO薪酬支付会形成持续向上的"棘轮效应"。因此，行业薪酬基准的选用有可能降低薪酬与企业绩效之间的相关性，最终削弱薪酬契约的有效性。

事实上，这两种相反的观点表现了选用行业薪酬基准在高管薪酬制定过程中的两方面影响。正面影响是在制定高管薪酬契约时采用行业薪酬基准会导致管理者薪酬的逐渐增长，管理者也因此会增加努力程度以获取更高收益；反面影响则是对于公司治理结构较弱的企业而言，管理者可能因行业薪酬基准的选用而非企业绩效的提升从而获得薪酬的增长。因为公司治理结构越弱，管理者的权力越大，管理者获取薪酬的能力越不能充分反映其管理能力以及工作的努力程度。

3.其他外部因素

如企业所处地区环境和社会文化环境的变化、国家政策法规的调整等都会对企业经营效益产生一定的影响，而这些外部环境的变化一般不在高管控制范围之内，因此，在设计高管薪酬时，不应把企业经营结果的优劣完全归因于高管努力的结果。

3.4　本章小结

本章回顾了高管薪酬激励的相关理论，并梳理了以往的中外研究结论，试图以经济学、社会学、会计学等理论为基础，全面、动态的分析视角，较完整地研究我国垄断行业企业高管薪酬制度，避免将其中某一部分割裂出来，或只对其中某一层面、某一角度的问题进行研究。

具体来说，在高管薪酬制度研究课题中，高管人员不但是具有其个体层面的人力资本特征的个体，而且是董事会、监事会、薪酬委员会、企业等组织中的一支团队的成员。个体特征会影响其思想、决策、行为，其行为进而影响所在的团队、企业的决策、绩效和发展。首先，高管薪酬制度同时受到国家宏观经济政策等外部环境、公司治理结构、企业特征等内部环境以及高管个人特征的共同作用。其次，高管薪酬制度、高管行为与公司绩效紧密联系、相互影响。作为人力资本个体，高管人员首先希望获得满意的薪酬，达到自身利益最大化。因此，薪酬水平和结构的合理与否就决定着高管采取何种行为，尤其是对于风险的承受和企业经营、投资决策等方面，这又最终会归结于对企业绩效的影响。而除了高管行为外，公司绩效还受到企业内外部环境变化的影响和调节。具体地讲，高管行为引起一系列后果，即决定着高管个人绩效水平，进而影响着公司绩效的高低。而根据公司绩效设计和实施的高管薪酬制度又是高管行为选择的依据。

由此可以得出，高管人员在公司治理机制、企业基本特征、市场环境、经济政策等内外部因素的影响下获得一系列行为结果，如风险偏好、经营决策、管理层权力的获取和实施等，而高管薪酬制度同样能够影响高管行为，这些行为结果是对高管绩效进行评价的主要内容，也正是设计高管薪酬契约的重要依据。高管绩效评价的结果一方面会影响企业绩效；另一方面也会影响其薪酬决定，从而形成了"高管行为—企业绩效—薪酬激励—高管行为"的动态的、封闭的循环系统。

第4章 我国垄断行业企业高管薪酬制度的理论模型构建

4.1 委托代理理论基本模型构建

4.1.1 相关理论回顾

委托代理关系所产生的重要问题是道德风险，其结果是降低了竞争性结果的帕累托有效性质。探讨如何使得代理人具备为了委托人的目的而行事的动机，即代理人的薪酬制度设计，是委托代理分析的中心问题。薪酬制度设计的关键思想是委托人设计一系列契约，把代理人努力工作的结果与他所获得的报酬相联系，以便激励代理人在愿意接受这些契约的条件下，为达到自身效用最大化从而选择对委托人最有利的行动。这一思想适用于所有的委托代理问题。

企业作为委托人期望高管努力工作，从而最大化企业利益，高管作为代理人却以自身利益最大化为行事原则。高管努力程度属于私人信息，是企业难以觉察到的，也是难以衡量的，这种信息不对称很容易造成高管的道德风险。高管个人业绩难以被准确度量，为了避免道德风险带来的损失，企业往往会根据企业绩效来判断高管的努力程度。但公司业绩易受到人为控制和环境影响，为了减轻业绩"噪声"的影响，就需要增加变量，设计能够诱使代理人自愿选择对委托人有利的行动，实现薪酬契约的优化。这就是基于委托代理理论的高管薪酬设计。

委托代理关系的中心问题被认为是"保险"和"激励"的交替问题。在信息完备情形下，委托人可以根据观测到的代理人行动而实施相应的奖惩，帕累托最优得以实现；在信息不完备情形下，委托人不能完全观测到代理人的行动，只能借助于企业绩效变量来推断代理人是否努力工作，一般采用似然率或者后验概率（张维迎，2004）来决定对代理人的奖惩。一方面，似然率（Likelihood Ratio）包含的信息量是指给定代理人选择偷懒时特定可观测变量发生的概率与给定代理人选择努力工作时特定可观测变量发生的概率之比，较高的似然率意味着产出有较大的可能性来自代理人偷懒的行动，较低的似然率意味着产出更有可能来自于代理人努力工作的行动。另一方面，产出是由根据贝叶斯法则从观测到的特定可观测变量修正代理人努力工作的后验概率影响代理人收入的，如果观测到的产出使委托人向下修正了代理人选择努力工作的概率，则降低对代理人的支付；反之，若观测到的产出使委托人向上修正了代理人选择努力工作的概率，则增加对代理人的支付。总之，较高的产出不一定意味着代理人得到较高的报酬，最优激励合同要求代理人承担比对称信息情况下更大的风险。

如前所述，委托代理理论的模型化分析方法包括3种：一是状态空间模型化方法，在该方法中，每种技术关系都得到了表现，但并未得到经济上有信息的解；二是分布函数的参数化方法，该方法已经成为标准方法；三是一般化分布方法，它给出了非常简练的一般化模型，但对于代理人的行动和成本并未给予清晰的解释（张维迎，2004）。这里，我们采用分布函数的参数化方法建立激励机制设计模型。

经济学中最广泛采用的生产函数为科布—道格拉斯生产函数（Cobb-Douglas Functions）（伊特韦尔等，1996）。其假定在只有劳动力和资本两种投入要素的情况下，企业的生产函数如式（4-1）所示：

$$Q = AL^{\alpha}K^{\beta} \tag{4-1}$$

式中，Q 为产出；L 为劳动力；K 为资本；A、α、β 均为常数。

科布-道格拉斯生产函数将人力资本作为变量引入企业的生产函数模型，肯定了人力资本作为投入要素对企业生产的贡献，它可以直接得出投入要素的产出弹性，即产出变化的百分比与投入要素变化的百分比之比。设劳动力的产出弹性为E_L，资本的产出弹性为E_K，有式（4-2）和式（4-3）。

$$E_L=\frac{dQ/Q}{dL/L}=\frac{dQ}{dL}\frac{L}{Q}=\frac{A\alpha L^{\alpha-1}K^{\beta}L}{AL^{\alpha}K^{\beta}}=\alpha \qquad (4-2)$$

$$E_K=\frac{dQ/Q}{dK/K}=\frac{dQ}{dK}\frac{K}{Q}=\frac{A\beta L^{\alpha}K^{\beta-1}K}{AL^{\alpha}K^{\beta}}=\beta \qquad (4-3)$$

劳动力的产出弹性$E_L=\alpha$和资本的产出弹性$E_K=\beta$可以分别理解为人力资本和物质资本对产出的贡献率。

在规模报酬不变的情况下，即$\alpha+\beta=1$时，人力资本对产出的贡献率α成为对人力资本定价的关键指标。现有的人力资本定价研究，尤其是对人力资本的间接定价研究，大多是根据α来确定人力资本参与企业剩余分享的份额。

对于非垄断企业，决定企业产出的主要因素包括高管努力、企业规模、公司治理结构等。对于垄断企业，除了上述因素外，还有垄断优势（高明华等，2010）。问题的关键是，在垄断企业中，企业产出能够在多大程度上反映高管努力，换言之，垄断优势对企业绩效产生了什么样的影响，进而影响到高管薪酬激励机制的设计。在委托代理理论模型的设计中，垄断优势、代理人工作的努力程度以及代理人的能力是影响激励机制的三个重要因素。借鉴高明华等的研究思路，本书试图在科布—道格拉斯生产函数[式（4-1）]中引入这3个要素，构建较为综合的理论模型。

4.1.2　研究假设

为了便于研究，本书对模型作出以下假设。

假设1：代理人的目标是自身利益最大化，代理人据此决定采取何种努力程度（e），该努力程度属于代理人的私人信息。

假设2：假定产出函数（高明华等，2009）为

$$y=A(eq)^{\alpha}(mk)^{\beta}+\varepsilon e\geq0,\ q>0,\ m\geq1,\ k>0,\ 0\leq\alpha,\ \beta\leq1,\ \alpha+\beta=1 \qquad (4-4)$$

一般的委托代理模型假定产出水平和代理人的努力程度都只有两种可能，

在这个抽象的假定下，最优的激励契约要求高工资与高产出水平挂钩，代理人因而也承担了产出水平波动的潜在风险。然而，现实生活中，情况更为复杂，事实上，代理人努力程度是连续的，对产出情况的度量也是多维的。因此我们考虑一般情况，定义 e 代表代理人的努力程度，是一维变量，其数值大小与代理人工作的努力程度呈正比；q 为代理人的能力水平，其数值大小与代理人的代理能力水平呈正比[①]；m 为政府赋予企业的垄断优势，$m=1$ 表示该企业是非垄断企业，$m>1$ 表示该企业是垄断企业，且 m 越大表明垄断程度越高。若是非垄断企业，则产出函数变为 $y=A(eq)^{\alpha}(k)^{\beta}+\varepsilon$；$k$ 为企业的固有条件（如资产、企业规模、治理结构等）。α 为人力资本对产出的贡献率，影响因子 α 越大表明人力资本对产出的影响越大；β 为物质资本对产出的贡献率，影响因子 β 越大表明物质资本对产出的影响越大。ε 是属于 $N(0,\delta^2)$ 的一个随机变量。

期望产出 $E(y)=A(eq)^{\alpha}(mk)^{\beta}$。

下面分析各变量对于产出的影响。

当 $\dfrac{\partial E(y)}{\partial e}=A\alpha e^{\alpha-1}q^{\alpha}(mk)^{\beta}\geq 0$ 时，表明产出水平与代理人努力程度正相关。

当 $\dfrac{\partial^2 E(y)}{\partial e^2}=A\alpha(\alpha-1)e^{\alpha-2}q^{\alpha}(mk)^{\beta}\leq 0$ 时，表明随着代理人努力程度的增加，产出水平边际递减。

当 $\dfrac{\partial E(y)}{\partial q}=A\beta(eq)^{\alpha}m^{\beta}k^{\beta-1}\geq 0$ 时，表明产出水平与代理人努力程度正相关。

当 $\dfrac{\partial^2 E(y)}{\partial q^2}=A\beta(\beta-1)(eq)^{\alpha}m^{\beta}k^{\beta-2}\leq 0$ 时，表明随着代理人努力程度的增加，产出水平边际递减。

当 $\dfrac{\partial E(y)}{\partial m}=A\beta(eq)^{\alpha}m^{\beta-1}k^{\beta}\geq 0$ 时，表明产出水平与企业的垄断程度正相关。

[①] 企业家才能是稀缺的，为了获得这种稀缺要素，企业之间会展开竞争，其结果就是企业利润向高管转移。近年来，高管薪酬的快速增长正是这种要素越来越为重要的一个表现。当然，代理人的努力程度和能力水平都难以准确度量，实践中常借助于企业绩效、代理人学历和经验等变量体现。

当 $\dfrac{\partial^2 E(y)}{\partial m^2}=A\beta(\beta-1)(eq)^{\alpha}m^{\beta-2}k^{\beta}<0$ 时，表明随着垄断程度的增加，产出水平边际递减。

假设3：为简化起见，假定代理人的代理成本等价于货币成本，在此基础上，假设：

$$c=re-sm-tq\geq0 \qquad\qquad (4-5)$$

式中，c 为代理成本；r、s、t 分别 e、m 和 q 的成本系数，取值 $r>0$、$s>0$、$t>0$，反映了代理人成本对其努力程度、垄断优势以及其努力水平的敏感性。

当然，$\dfrac{\partial c}{\partial e}=r>0$，表明代理人越努力代理成本越高；$\dfrac{\partial c}{\partial m}=-s<0$，表明垄断程度越高代理成本越低；$\dfrac{\partial c}{\partial q}=-t<0$，表明代理人的代理能力水平越高，代理成本越低。●

假设4：假定代理人属于风险规避型，对风险的厌恶程度用绝对风险规避度 ρ 表示，ρ 值越大表明代理风险厌恶程度越高。则代理人的风险成本可以用 $\dfrac{1}{2}\rho Var(s)$ 表示。

又假定委托人属于风险中性，则其期望效用等于期望收入。

假设5：委托人不能完全观测代理人的努力程度，而只能看到结果，即企业绩效等一系列数据和指标。

一般来说，委托人根据产出对代理人支付薪酬。根据 Weitman（1980）、Holmstrom 和 Milgrom（1987）对线性激励合同的研究，薪酬合同假定成线性形式如式（4-6）所示：

$$s(y)=\zeta+\eta y \qquad\qquad (4-6)$$

式中，$s(y)$ 为代理人获得的薪酬，包括两部分：与产出 y 无关的固定薪酬 ζ 和与产出 y 有关的激励薪酬 ηy。其中，$0\leq\eta\leq1$，称为激励因子或激励强度系数，

● 这里借鉴了罗开平、陈绍刚（基于 Douglas 函数的委托代理及激励机制模型研究[J].管理科学，2005,18(6):88-93)的研究思路和研究方法。

是代理人对企业产出的分享。事实上，理想中的最优激励契约会随着情况的复杂变化而变得非常复杂，但由于激励因子的给出，形式简单的线性激励契约虽然并不是最优的，却适宜在很多情况下使用并能够给出合理的解释。

4.1.3 模型的构建与推导

假定代理人的效用函数为$u = -e^{-\rho w}$。其中，ρ代表绝对风险规避度量；w代表代理人的实际货币收入。那么，代理人的实际收入（效用函数）为

$$w = s(y) - c = \zeta + \eta [A(eq)^{\alpha}(mk)^{\beta} + \varepsilon] - re + sm + tq \qquad (4-7)$$

代理人风险成本可以表示为$\frac{1}{2}\rho \mathrm{Var}(s) = \frac{1}{2}\rho\sigma^2\eta^2$，从而代理人的确定性等价收入人为

$$E(w) - \frac{1}{2}\rho \mathrm{Var}(s) = \zeta + \eta A(eq)^{\alpha}(mk)^{\beta} - re + sm + tq - \frac{1}{2}\rho\sigma^2\eta^2 \qquad (4-8)$$

而委托人的期望效用可以表示为

$$E(u) = E(y-s) = (1-\eta)[A(eq)^{\alpha}(mk)^{\beta} - \zeta] \qquad (4-9)$$

但是，委托人期望效用的获得面临着两个约束。❶

一方面是对代理人是否接受合同的参与约束或称个人理性约束（Individual Rationality Constraint）。假设代理人不接受合同时面临着其他的市场机会，该机会提供给代理人的最大期望收益称为"保留收益水平"，用ϖ代表。参与约束即意味着代理人接受合同时的期望收益要大于或等于ϖ。利用Mirrless和Holmstrom提出的一阶条件法，有代理人参与约束条件为：

$$(\mathrm{IR}) \quad \zeta + \eta A(eq)^{\alpha}(mk)^{\beta} - re + sm + tq - \frac{1}{2}\rho\sigma^2\eta^2 \geqslant \varpi \qquad (4-10)$$

另一方面是代理人的激励相容约束（Incentive Compatibility Constraint）。风险中性和经济人理性的假设决定了委托人追求自身利益最大化的行为目标。同样，风险规避和经济人理性的假设决定了代理人选择最大化其确定性等价收

---

❶ 关于类似问题的详细讨论参阅文献Hart和Holmstrom（1987）。

入的目标。因此，代理人的激励相容约束（IC）为

$$(IC) \quad e \in \arg\max\{w\} \tag{4-11}$$

1. 委托人可以观测到代理人的努力程度

在信息完备的情形下，委托人可以观测到代理人的努力程度，不需要激励约束IC。委托人只需根据观测到的代理人努力程度e而选择合适的(ζ, η)，即式（4-9）~式（4-11）可以简化为：

$$\begin{cases} \max\limits_{e,\zeta,\eta} \ [(1-\eta)[A(eq)^\alpha (mk)^\beta - \zeta] \\ \text{s.t.}(IR) \ \zeta + \eta A(eq)^\alpha (mk)^\beta - re + sm + tq - \dfrac{1}{2}\rho\sigma^2\eta^2 = \varpi \end{cases} \tag{4-12}$$

IR取等式的原因是，当代理人努力水平e可以观测时，在最优情况下，委托人只可能支付尽量少的工资。

将参与约束通过e代入目标函数，上述最优化问题可以表述为：

$$\max\limits_{e,\zeta,\eta} A(eq)^\alpha (mk)^\beta - re + sm + tq - \dfrac{1}{2}\rho\sigma^2\eta^2 - \varpi \tag{4-13}$$

求得最优化的一阶条件：

$$\begin{cases} e^* = \left(\dfrac{aA}{r}\right)^{\frac{1}{1-\alpha}} q^{\frac{\alpha}{1-\alpha}} (mk)^{\frac{\beta}{1-\alpha}} \\ \eta^* = 0 \end{cases} \tag{4-14}$$

代入代理人的参与约束IC，则：

$$\zeta - re + sm + tq = \varpi$$
$$即 \zeta^* = \varpi + c$$
$$\eta^* = 0$$

即代理人的风险成本$\dfrac{1}{2}\rho\sigma^2\eta^2=0$，这意味着帕累托最优合同要求代理人不承担任何风险，但也不享有产出剩余。

因此，在代理人行为完全可观测的情形下，如果委托人观测到代理人的努

力程度符合$e^* = \left[\left(\dfrac{\alpha A}{r} \right)^{\frac{1}{1-\alpha}} q^{\frac{\alpha}{1-\alpha}} (mk)^{\frac{\beta}{1-\alpha}} \right]$，则会支付给代理人$\zeta^*$（$=\varpi+c$）水平的报酬，否则，委托人的支付会小于$\zeta^*$。

这样的结果必然是，代理人选择努力程度e^*，而委托人选择支付ζ^*，最优激励契约实现。

2.委托人不能完全观测到代理人的努力程度

实践中，委托人并不能完全观测到代理人的努力程度。因此，我们有必要讨论一般情况，即信息不对称。信息不对称增加了委托人激励代理人努力的成本，但只要这个成本不是太高，最终委托人仍然会实施激励。

首先，讨论激励因子η。在上述信息对称情形下，由于代理人行动可观测，只能选择努力程度e^*，才能获取最大收益ζ^*，此时，$\eta^*=0$，即代理人收入是与产出无关的固定工资。但在信息不对称情形下，若仍给定$\eta=0$，由于代理人行动不可观测，则代理人必然选择不工作，即$e=0$，实现$\max(\zeta-re+sm+tq)$的目标，帕累托最优不能实现。显然，在代理人行动不可观测的情形下，$\eta\neq0$，即代理人收入与企业产出有关。

其次，变量m、q都是既定的。对于某个企业而言，其是否具有垄断优势m应视为既定的。代理人的能力水平q在接受委托人聘任的短期内也可视为常量。因此，委托代理问题可以描述为委托人在m、q既定时选择e、ζ、η，以最大化自己的期望收益：

$$E(y-s)=E\left[A(eq)^{\alpha}(mk)^{\beta}+\varepsilon-\zeta-\eta A(eq)^{\alpha}(mk)^{\beta} \right]$$

$$=(1-\eta)A(eq)^{\alpha}(mk)^{\beta}-\zeta$$

即：
$$\max_{e,\xi,\eta}[(1-\eta)A(eq)^{\alpha}(mk)^{\beta}-\zeta] \tag{4-15}$$

根据式（4-11），代理人的激励相容约束意味着：

$$(IC)\quad e=\left(\frac{\eta\alpha A}{r} \right)^{\frac{1}{1-\alpha}} q^{\frac{\alpha}{1-\alpha}}(mk)^{\frac{\beta}{1-\alpha}} \tag{4-16}$$

对参与约束条件取紧，即 $\zeta + \eta A(eq)^{\alpha}(mk)^{\beta} - re + sm + tq - \frac{1}{2}\rho\sigma^2\eta^2 = \varpi$，可将委托人的最优化问题简单地表述为：

$$\begin{cases} \max_{e,\xi,\eta} \left[(1-\eta)A(eq)^{\alpha}(mk)^{\beta} - \zeta \right] \\ s.t.(IR)\ \zeta + \eta A(eq)^{\alpha}(mk)^{\beta} - re + sm + tq - \frac{1}{2}\rho\sigma^2\eta^2 = \varpi \\ (IC)\ e = \left(\frac{\alpha A}{r}\right)^{\frac{1}{1-\alpha}} q^{\frac{\alpha}{1-\alpha}}(mk)^{\frac{\beta}{1-\alpha}}\eta^{\frac{1}{1-\alpha}} \end{cases} \quad (4-17)$$

再利用 Mirrless 和 Holmstrom 提出的一阶条件法，在 m、q 既定下选择 e、ζ、η。将参与约束和激励相容约束代入目标函数，得到：

$$\max_{e,\xi,\eta}[A\left(\frac{\alpha A}{r}\right)^{\frac{\alpha}{1-\alpha}}q^{\frac{\alpha}{1-\alpha}}(mk)^{\frac{\beta}{1-\alpha}}\eta^{\frac{\alpha}{1-\alpha}} - r\left(\frac{\alpha A}{r}\right)^{\frac{1}{1-\alpha}}q^{\frac{\alpha}{1-\alpha}}(mk)^{\frac{\beta}{1-\alpha}}\eta^{\frac{1}{1-\alpha}}$$

$$+ sm + tq - \frac{1}{2}\rho\sigma^2\eta^2 - \varpi] \quad (4-18)$$

令上式对 η 求一阶导，并令其等于 0，得到一阶条件：

$$\eta = \left(\frac{1}{\eta} - 1\right)\frac{r}{\rho\sigma^2(1-\alpha)}\left(\frac{\alpha A}{r}\right)^{\frac{1}{1-\alpha}}q^{\frac{\alpha}{1-\alpha}}(mk)^{\frac{\beta}{1-\alpha}}\eta^{\frac{\alpha}{1-\alpha}} \quad (4-19)$$

最终，求得最优化一阶条件为：

$$\begin{cases} \eta = \left(\frac{1}{\eta} - 1\right)\frac{r}{\rho\sigma^2(1-\alpha)}\left(\frac{\alpha A}{r}\right)^{\frac{1}{1-\alpha}}q^{\frac{\alpha}{1-\alpha}}(mk)^{\frac{\beta}{1-\alpha}}\eta^{\frac{\alpha}{1-\alpha}} \quad ❶ \\ e = \left(\frac{\alpha A}{r}\right)^{\frac{1}{1-\alpha}}q^{\frac{\alpha}{1-\alpha}}(mk)^{\frac{\beta}{1-\alpha}}\eta^{\frac{1}{1-\alpha}} \end{cases} \quad (4-20)$$

4.1.4 模型的深入分析

1.薪酬—绩效—努力程度的相关性分析

由前述可知，代理人的效用函数为 $w=s(y)-c$。代理人的目标是最大化其

---

❶ 与罗开平、陈绍刚(2005)研究不同的是,本研究在委托代理模型的推导过程中考虑了行业垄断优势因素,并据此深入剖析垄断优势因素对委托代理关系的影响。

自身效用，求效用函数对代理人努力程度的一阶导数，并令其等于0，结果为：

$$\frac{\partial w}{\partial e}=\frac{\partial s}{\partial y}\frac{\partial y}{\partial e}-\frac{\partial c}{\partial e}=\frac{\partial s}{\partial y}\frac{\partial y}{\partial e}-r=0 \qquad (4-21)$$

则 $\dfrac{\partial s}{\partial y}=\dfrac{r}{\partial y/\partial e}$。

$\dfrac{\partial s}{\partial y}$ 即为"代理人薪酬—企业绩效相关度"。

根据式（4-4）：产出函数 $y=A\left(eq\right)^{\alpha}\left(mk\right)^{\beta}+\varepsilon$ 可知：

$$\frac{\partial y}{\partial e}=\alpha A e^{\alpha-1}q^{\alpha}\left(mk\right)^{\beta} \qquad (4-22)$$

$\dfrac{\partial y}{\partial e}$ 即为"企业绩效—代理人努力程度的敏感度"。

前假设 $m>1$，可知垄断行业企业的"企业绩效—代理人努力程度的敏感度"大于非垄断行业企业的"企业绩效—代理人努力程度的敏感度"。也就是说，垄断优势夸大了代理人的努力成果。

根据式（4-21）进而可得，垄断企业的"代理人薪酬—企业绩效相关度"小于非垄断企业的"代理人薪酬—企业绩效相关度"（高明华等，2009）。

2.最优激励机制的深入分析

由式（4-20）可知，$\eta>0$，代理人必须承担一定的风险。由此，可以得到下列一些性质。

性质1：当激励因子 η 增加时，代理人努力程度也要增加。即：

$$\frac{\partial e}{\partial \eta}=\frac{1}{1-\alpha}\left(\frac{\alpha A}{r}\right)^{\frac{1}{1-\alpha}}q^{\frac{\alpha}{1-\alpha}}\left(mk\right)^{\frac{\beta}{1-\alpha}}\eta^{\frac{\alpha}{1-\alpha}}>0 \qquad (4-23)$$

性质2：代理人努力程度将随努力成本系数 r 的增大而减少。即：

$$\frac{\partial e}{\partial r}=\frac{1}{\alpha-1}\left(\alpha A\right)^{\frac{1}{1-\alpha}}q^{\frac{\alpha}{1-\alpha}}\left(mk\right)^{\frac{\beta}{1-\alpha}}\eta^{\frac{1}{1-\alpha}}r^{\frac{2-\alpha}{\alpha-1}}<0 \qquad (4-24)$$

性质3：代理人要想获得对产出份额的享有，就必须承担一定的风险，最优的契约安排将是"效率"与"保险"之间权衡的结果。

为便于分析问题，令 $\alpha = \beta = \frac{1}{2}$❶，代入式（4-20），可得：

$$\frac{\partial \eta}{\partial \rho} = -\left(\frac{2r\sigma^2}{A^2 qmk}\rho + 1\right)^{-2}\frac{2r\sigma^2}{A^2 qmk} < 0 \qquad (4-25)$$

$$\frac{\partial \eta}{\partial \sigma^2} = -\left(\frac{2r\rho}{A^2 qmk}\sigma^2 + 1\right)^{-2}\frac{2r\rho}{A^2 qmk} < 0 \qquad (4-26)$$

$$\frac{\partial \eta}{\partial r} = -\left(\frac{2\rho\sigma^2}{A^2 qmk}r + 1\right)^{-2}\frac{2\rho\sigma^2}{A^2 qmk} < 0 \qquad (4-27)$$

可见，η 是 ρ、σ^2、r 的递减函数。代理人的风险规避度 ρ 越高时，激励因子应当适当降低；代理人的随机产出方差 σ^2 越大时，产出越不稳定，激励因子就应当适当降低；代理人努力的成本系数越大，相应的激励因子也就越低。因此，在信息不对称情形下，为了激励代理人努力，委托人必须支付高工资，这改变了在对称信息下由风险中性的委托人完全承担风险的最优契约安排，风险必须部分地由代理人来承担，最终的契约安排将是"效率"与"保险"之间权衡的结果。

性质4：垄断优势越强，代理人分享的产出剩余越多。由：

$$\frac{\partial \eta}{\partial m} = \frac{2r\rho\sigma^2}{A^2 qk}\frac{1}{\left(\dfrac{2r\rho\sigma^2}{A^2 qk} + m\right)^2} > 0 \qquad (4-28)$$

$$\frac{\partial y}{\partial m} = A\beta\left(eq\right)^{\alpha}m^{\beta-1}k^{\beta} > 0 \qquad (4-29)$$

可知，行业垄断优势正向作用于代理人分享到的产出剩余和报酬激励强度。

性质5：代理人的代理能力水平越强，代理人分享的产出剩余越多。由：

$$\frac{\partial \eta}{\partial q} = \frac{2r\rho\sigma^2}{A^2 mk}\frac{1}{\left(\dfrac{2r\rho\sigma^2}{A^2 mk} + q\right)^2} > 0 \qquad (4-30)$$

---

❶ 本研究通过类似推导过程检验了 $\alpha \neq \beta$（$\alpha + \beta = 1$）时的情形，结论相同。由于篇幅有限，此处不再赘述。

$$\frac{\partial y}{\partial q}=A\alpha e^{\alpha}q^{\alpha-1}(mk)^{\beta}>0 \tag{4-31}$$

可知，代理人的代理能力水平正向作用于代理人分享到的产出剩余和报酬激励强度。

3.代理成本分析

当代理人的努力程度不能完全被委托人观测时，存在两类代理成本，而这两类代理成本是在委托人可以观测代理人行动情况下不存在的。

一类是风险成本（Risk Cost），也称净福利损失，即：

$$\Delta RC=\frac{1}{2}\rho\sigma^{2}\eta^{2}>0 \tag{4-32}$$

另一类是激励成本（Incentive Cost），即：

$$\Delta IC=\Delta E(y)-\Delta C \tag{4-33}$$

其中，

$$\Delta E(y)=A\left(\frac{\alpha A}{r}\right)^{\frac{\alpha}{1-\alpha}}q^{\frac{\alpha}{1-\alpha}}(mk)^{\frac{\beta}{1-\alpha}}\left(1-\eta^{\frac{\alpha}{1-\alpha}}\right) \tag{4-34}$$

$$\Delta C=r\left(\frac{\alpha A}{r}\right)^{\frac{1}{1-\alpha}}q^{\frac{\alpha}{1-\alpha}}(mk)^{\frac{\beta}{1-\alpha}}\left(1-\eta^{\frac{1}{1-\alpha}}\right) \tag{4-35}$$

因此，

$$\Delta IC=A\left(\frac{\alpha A}{r}\right)^{\frac{\alpha}{1-\alpha}}q^{\frac{\alpha}{1-\alpha}}(mk)^{\frac{\beta}{1-\alpha}}\left(1-\eta^{\frac{\alpha}{1-\alpha}}\right)-r\left(\frac{\alpha A}{r}\right)^{\frac{1}{1-\alpha}}q^{\frac{\alpha}{1-\alpha}}(mk)^{\frac{\beta}{1-\alpha}}\left(1-\eta^{\frac{1}{1-\alpha}}\right) \tag{4-36}$$

同理，令 $\alpha=\beta=\dfrac{1}{2}$❶，代入式（4-36），可得：

$$\Delta IC=\frac{A^{2}}{4r}qmk(1-\eta^{2})>0 \tag{4-37}$$

总代理成本为：

$$AC=\Delta RC+\Delta IC=\frac{1}{2}\rho\sigma^{2}\eta^{2}+A\left(\frac{\alpha A}{r}\right)^{\frac{\alpha}{1-\alpha}}q^{\frac{\alpha}{1-\alpha}}(mk)^{\frac{\beta}{1-\alpha}}\left(1-\eta^{\frac{\alpha}{1-\alpha}}\right)-$$

---

❶ 同样，本研究通过类似推导过程检验了 $\alpha\neq\beta$ 时的情形，结论一致。

$$r\left(\frac{\alpha A}{r}\right)^{\frac{1}{1-\alpha}} q^{\frac{\alpha}{1-\alpha}} (mk)^{\frac{\beta}{1-\alpha}} \left(1-\eta^{\frac{1}{1-\alpha}}\right) \tag{4-38}$$

同理，令 $\alpha=\beta=\frac{1}{2}$，代入式（4-38），可得：

$$AC=\frac{1}{2}\rho\sigma^2\eta^2+\frac{A^2}{4r}qmk(1-\eta^2)>0 \tag{4-39}$$

由 $\frac{\partial AC}{\partial\rho}=\frac{1}{2}\sigma^2\eta^2>0$[●]可知，代理人越规避风险，总代理成本越高。

由 $\frac{\partial AC}{\partial\sigma^2}=\frac{1}{2}\rho\eta^2>0$ 可知，若代理人属于风险规避型，风险越大总代理成本越高。

由 $\frac{\partial AC}{\partial m}=\frac{A^2}{4r}qk(1-\eta^2)>0$ 可知，垄断优势越强，总代理成本越高。

由 $\frac{\partial AC}{\partial q}=\frac{A^2}{4r}mk(1-\eta^2)>0$ 可知，代理人能力越强，总代理成本越高。

4.2 委托代理模型的拓展——多任务委托代理关系中激励机制优化设计

现实中许多情况下，代理人从事的工作不止一项，而且，即使一项工作也可能涉及多个维度，对不同工作或一项工作的不同维度，委托人的监督能力是不同的。如果对于易于监督的工作而激励过度，或者对于难以监督的工作而激励不足，都会导致资源配置的扭曲。

在我国的垄断行业企业中，80%以上属于国有控股性质。对国有企业经理的一个重要的激励方式就表现为对企业控制权的激励（周其仁，1996；席西民，张建琦，1998）。原因有二：一是对于这些企业的高管来讲，国有资本与国有企业经理间的不对等契约关系剥夺了国有企业经理的剩余索取权。"如果

[●]虽然假设 $0\leqslant\eta\leqslant1$，但一般地，委托人都会给予代理人固定薪酬，即 $\eta<1$ 而不取值 $\eta=1$，故 $\frac{\partial AC}{\partial\rho}=\frac{1}{2}\sigma^2\eta^2>0$，下同。

失去控制权，就失去了一切"（张维迎，2000）；二是国有企业经理的行政性任命使得市场经济条件下普遍存在的企业控制权争夺演变为政治性争夺。这是国有企业经理多任务委托代理的深层次原因（袁江天，张维，2006）。袁江天等（2006）在其研究中指出，国有企业经理的多目标体现为经营性目标（实现企业价值最大化）、政治性目标（履行社会责任）和上级偏好（维护上级满意度）三个方面。

为了分析问题的方便，我们将高管目标分为本职工作目标和非本职工作目标。❶前者是指高管为了实现企业价值最大化的经营目标和履行社会责任的政治目标而从事的所有活动；后者是指高管从事非本职工作的所有活动，包括为了获取权力、声誉、地位、职位晋升和在职消费等目标而采取的行动，而这些行动给代理人只带来个人好处。

4.2.1 基本模型

借助 Holmstrom 和 Milgrom（1991❷）的模型，借鉴田盈、蒲勇健（2006）；马亚男（2008）的研究思路，作出下面假设。

1.基本假设

假设1：假定委托人属于风险中性，则其期望效用等于期望收入。又假定代理人属于风险规避型，ρ 为代理人对风险的厌恶程度，w 为其实际货币收入，则代理人效用函数为 $u = -\exp(-\rho w)$。

假设2：代理人需要同时从事委托人委托的两项任务，即本职工作任务和非本职工作任务，代理人在各任务中的努力水平分别为 e_1 和 e_2，代理人执行任

---

❶ 拉丰和马赫蒂摩根据各任务间的相互作用将多项任务分为互替性任务和互补性任务。前者指代理人在从事的两项任务中都努力的负效用要大于其分别只从事一项任务的负效用之和；后者指代理人在从事的两项任务中都努力的负效用要小于其分别只从事一项任务的负效用之和。根据拉丰和马赫蒂摩的研究,本研究此处将高管从事的工作任务分为本职工作和非本职工作两类,这两类任务为互补性任务。如代理人完成了经营目标,则有利于其声誉、在职消费等目标的实现。

❷ Holmstrom 和 Milgrom(1991)证明,当代理人从事多项任务时,对代理人的激励问题应该在多任务框架下探讨才更有意义。

务的成本是各个任务上努力程度总和的函数。假设产出 $y = m_1 e_1 + m_2 e_2 + \theta$，其中，$m$ 是垄断优势；$e_1 \geq 0$ 和 $e_2 \geq 0$，$\theta \sim N(0, \delta^2)$。[1]

假设3：$c(e_1, e_2)$ 表示代理人的成本，是严格递增的凸函数，且努力成本 $c(e_1, e_2)$ 可为货币等价物。假定代理人从事任务1、任务2的成本函数分别为 $\dfrac{ue_1^2}{2}$ 和 $\dfrac{ve_1^2}{2}$，为研究问题的方便，这里假设 $u = v$，则：

$$c(e_1, e_2) = \frac{ue_1^2}{2} + \frac{ue_2^2}{2} \tag{4-40}$$

假设4：委托人的激励合同是：

$$s(y_1, y_2) = \alpha + \beta_1 y_1 + \beta_2 y_2 \tag{4-41}$$

式中，α 为固定薪酬部分；β_1、β_2 为激励因子（绩效薪酬系数），代表代理人对产出 y_1、y_2 的分享份额。

基于代理人风险规避假设，代理人的确定性等价收入 $\bar{w}$ 等于随机实际收入的均值减去其收入的风险成本及努力成本，即：

$$\bar{w} = \overline{\alpha + \beta_1 y_1 + \beta_2 y_2} - \frac{1}{2}\rho\beta_1^2\sigma_1^2 - \frac{1}{2}\rho\beta_2^2\sigma_2^2 - c(e_1, e_2)$$

$$= \alpha + \beta_1 e_1 + \beta_2 e_2 - \frac{1}{2}\rho\beta_1^2\sigma_1^2 - \frac{1}{2}\rho\beta_2^2\sigma_2^2 - \frac{ue_1^2}{2} - \frac{ue_2^2}{2} \tag{4-42}$$

式中，$\dfrac{1}{2}\rho\beta_1^2\sigma_1^2 + \dfrac{1}{2}\rho\beta_2^2\sigma_2^2$ 为代理人的风险成本。

假设5：代理人为委托人带来的收益为 $\pi(e)$，利用科布—道格拉斯生产函数，则：

$$\pi(e) = Ay_1^\gamma y_2^{1-\gamma} - s(y_1, y_2) = Ay_1^\gamma y_2^{1-\gamma} - \alpha - \beta_1 y_1 - \beta_2 y_2 \tag{4-43}$$

式中，A、γ 为常数；γ、$1-\gamma$ 分别表示任务1、任务2对于委托人收益的贡献率，且满足 $1 \geq \gamma \geq 0$。[2]

由于委托人风险中性，其期望效用等于期望收益，委托人的期望收益为：

$$E(U) = E[(\pi(e))] = Ae_1^\gamma e_2^{1-\gamma} - \alpha - \beta_1 e_1 - \beta_2 e_2 \tag{4-44}$$

---

[1] 委托人不能完全观测到代理人的努力水平，但代理人努力的结果（产出）是可观测的。

[2] 因为代理人的任何一项任务对委托人收益的影响都不可能是负值。

2.委托代理合同的优化设计

委托人的问题是选择β_i来最大化其收益$Ae_1{}^\gamma e_2{}^{1-\gamma} - \alpha - \beta_1 e_1 - \beta_2 e_2$。当激励合同给定后，代理人将选择最优努力水平$e^*$，以使其确定性等价收益最大化，即最优的激励合同应满足代理人的激励相容约束条件：

$$e^* \in \arg\max \alpha + \beta_1 e_1 + \beta_2 e_2 - \frac{1}{2}\rho\beta_1{}^2\sigma_1{}^2 - \frac{1}{2}\rho\beta_2{}^2\sigma_2{}^2 - \frac{ue_1{}^2}{2} - \frac{ue_2{}^2}{2} \quad (4\text{-}45)$$

式中，$\arg\max$表示取令"$\alpha + \beta_1 e_1 + \beta_2 e_2 - \frac{1}{2}\rho\beta_1{}^2\sigma_1{}^2 - \frac{1}{2}\rho\beta_2{}^2\sigma_2{}^2 - \frac{ue_1{}^2}{2} - \frac{ue_2{}^2}{2}$"取最大值的$e(e_1, e_2)$，即取最大化代理人薪酬时的$e(e_1, e_2)$。

另外，如果代理人的保留收益水平w_0大于其确定性收益$\bar{w}$，那么代理人将选择拒绝接受合同。故，代理人的参与约束条件在最优激励契约中应该得到满足：

$$\alpha + \beta_1 e_1 + \beta_2 e_2 - \frac{1}{2}\rho\beta_1{}^2\sigma_1{}^2 - \frac{1}{2}\rho\beta_2{}^2\sigma_2{}^2 - \frac{ue_1{}^2}{2} - \frac{ue_2{}^2}{2} \geqslant w_0 \quad (4\text{-}46)$$

综上，委托代理激励合同的优化设计模型可以表述为：

$$\begin{cases} \max_{e,\beta} E(U) = Ae_1{}^\gamma e_2{}^{1-\gamma} - \alpha - \beta_1 e_1 - \beta_2 e_2 & (4\text{-}47) \\[2mm] \text{s.t.(IR)} \ \alpha + \beta_1 e_1 + \beta_2 e_2 - \frac{1}{2}\rho\beta_1{}^2\sigma_1{}^2 - \frac{1}{2}\rho\beta_2{}^2\sigma_2{}^2 - \frac{ue_1{}^2}{2} - \frac{ue_2{}^2}{2} \geqslant w & (4\text{-}48) \\[2mm] \text{(IC)} \ e^* \in \arg\max \alpha + \beta_1 m_1 e_1 + \beta_2 m_2 e_2 - \frac{1}{2}\rho\beta_1{}^2\sigma_1{}^2 - \frac{1}{2}\rho\beta_2{}^2\sigma_2{}^2 - \frac{ue_1{}^2}{2} - \frac{ue_2{}^2}{2} \\[2mm] \hfill (4\text{-}49) \end{cases}$$

4.2.2 模型推导

根据上述委托代理激励合同的优化设计模型，求解代理人薪酬最大化的$e(e_1, e_2)$，则需根据式（4-49）分别对e_1、e_2求导，并令其等于0。得到激励相容约束的一阶条件：

$$\begin{cases} e_1{}^* = \dfrac{\beta_1 m_1}{u} \\[3mm] e_1{}^* = \dfrac{\beta_2 m_2}{u} \end{cases} \quad (4\text{-}50)$$

一般情况下，委托人尽可能给予代理人较少的支付，因此参与约束条件取紧，即：

$$\alpha + \beta_1 m_1 e_1 + \beta_2 m_2 e_2 - \frac{1}{2}\rho\beta_1{}^2\sigma_1{}^2 - \frac{1}{2}\rho\beta_2{}^2\sigma_2{}^2 - \frac{ue_1{}^2}{2} - \frac{ue_2{}^2}{2} = w_0$$

则：

$$\alpha = w_0 - \beta_1 m_1 e_1{}^* - \beta_2 m_2 e_2{}^* + \frac{1}{2}\rho\beta_1{}^2\sigma_1{}^2 + \frac{1}{2}\rho\beta_2{}^2\sigma_2{}^2 + \frac{ue_1{}^{*2}}{2} + \frac{ue_2{}^{*2}}{2}$$

$$(4-51)$$

将式（4-50）、式（4-51）代入式（4-47），可得：

$$E(U) = A\left(\frac{\beta_1 m_1}{u}\right)^{\gamma}\left(\frac{\beta_2 m_2}{u}\right)^{1-\gamma} - w_0 - \frac{1}{2}\rho\beta_1{}^2\sigma_1{}^2 - \frac{1}{2}\rho\beta_2{}^2\sigma_2{}^2 - \frac{\beta_1{}^2}{2u} - \frac{\beta_2{}^2}{2u}$$

$$(4-52)$$

由式（4-52）得：

$$\frac{\partial E(U)}{\partial \beta_1} = \frac{A\gamma}{u}\beta_1{}^{\gamma-1}m_1{}^r\left(\beta_2 m_2\right)^{1-\gamma} - \rho\beta_1\sigma_1{}^2 - \frac{\beta_1}{u} \qquad (4-53)$$

$$\frac{\partial E(U)}{\partial \beta_2} = \frac{A(1-\gamma)}{u}\left(\beta_1 m_1\right)^{\gamma}\beta_2{}^{-\gamma}m_2{}^{1-r} - \rho\beta_2\sigma_2{}^2 - \frac{\beta_2}{u} \qquad (4-54)$$

令式（4-53）、式（4-54）两式等于0，得：

$$\beta_1 = \frac{A\gamma\beta_1{}^{\gamma-1}m_1{}^r\left(\beta_2 m_2\right)^{1-\gamma}}{\frac{1}{u} + \rho\sigma_1{}^2}$$

$$\beta_2 = \frac{A(1-\gamma)\left(\beta_1 m_1\right)^{\gamma}\beta_2{}^{-\gamma}m_2{}^{1-r}}{\frac{1}{u} + \rho\sigma_2{}^2} \qquad (4-55)$$

整理得：

$$\frac{\beta_1{}^*}{\beta_2{}^*} = \left(\frac{\gamma}{1-\gamma}\frac{1+u\rho\sigma_2{}^2}{1+u\rho\sigma_1{}^2}\right)^{\frac{1}{2}} \qquad (4-56)$$

4.2.3 模型的深入分析

由上述推导及式（4-55）知：

第一，薪酬绩效系数 β_1、β_2 与代理人任务对于委托人收益的贡献率正相关，证明了高管激励契约的可行性和有效性。

第二，薪酬绩效系数 β_1、β_2 与绝对风险规避系数 ρ 负相关，表示对风险规避度低的代理人采取较高的薪酬绩效系数更有效。但这样做的结果可能造成对于不同的代理人采取不同的激励方案，会影响激励合同的一致性和适用性。对此，袁江天、张维（2006）指出，年轻的代理人与年长的代理人相比，前者更偏好风险，故而应减弱对年轻代理人的绩效薪酬而强化年纪较大的代理人的绩效薪酬激励。

第三，薪酬绩效系数 β_1、β_2 与可观测变量方差 σ_1^2、σ_2^2 负相关，即薪酬绩效的作用随着监督代理人任务难度的增加而增加。如果代理人某项工作的可观测变量方差较高，则意味着其在该项工作中的努力与其在该项工作中创造的绩效相关度较低，也就是说，好的绩效可能是好"运气"的结果。只有当某项工作的可观测变量方差较低时，提高代理人的绩效薪酬才能达到激励其努力工作的效果。我国目前的垄断形式主要以行政垄断为主，垄断行业企业利润并不完全是高管努力的结果，而是政策调整的结果，表现出其绩效的方差很大。

第四，薪酬绩效系数 β_1 与 β_2 存在正相关关系，表明各任务的激励强度是互补的，即一个任务的激励强度的提高会伴随着其他任务的激励强度的提高。

据此，可得出以下性质。

性质1：给予代理人在不同任务上的边际激励，取决于不同任务给委托人带来的边际收益、代理人的风险态度、委托人对代理人行为的可监督性。

性质2：绩效薪酬的增加会相应增加代理人对权力、声誉、地位、职位晋升和在职消费等非本职工作目标的需求，代理人有可能在正常薪酬之外谋取在职消费等权力收益。

性质3：垄断行业的高管激励作用弱于竞争性行业。在讨论多任务环境中的垄断行业企业高管薪酬问题时，就需要实行高强度激励的其他方法（Sinclair-Deagane，1999），如将隐性契约引入模型。

$\dfrac{\beta_1^*}{\beta_2^*}$ 的含义是任务1对于任务2的相对激励强度。[1]

令 $\dfrac{\beta_1^*}{\beta_2^*}=x$，由式（4-56）知：

首先，$\dfrac{\partial x}{\partial \gamma}=\dfrac{1}{2\left(1-\gamma\right)^2}\left(\dfrac{\gamma}{1-\gamma}\right)^{-\frac{1}{2}}\left(\dfrac{1+u\rho\sigma_2^2}{1+u\rho\sigma_1^2}\right)>0$，相对激励强度与任务1对

委托人收益的贡献率呈正相关关系，即越重要的任务，其激励强度应该越大。

其次，$\dfrac{\partial x}{\partial \sigma_1^2}=-\dfrac{1}{2}\left(\dfrac{\gamma}{1-\gamma}\right)^{\frac{1}{2}}\left(\dfrac{1+u\rho\sigma_2^2}{1+u\rho\sigma_1^2}\right)^{\frac{1}{2}}\dfrac{\rho}{1+\rho\sigma_1^2}<0$，$\dfrac{\partial x}{\partial \sigma_2^2}=\left(\dfrac{\gamma}{1-\gamma}\right)^{\frac{1}{2}}$

$\dfrac{\rho}{\left(1+u\rho\sigma_1^2\right)^{\frac{1}{2}}}>0$，由此可以推断，相对激励强度 $\dfrac{\beta_1^*}{\beta_2^*}$ 与任务1的不确定性呈负相

关，但与任务2的不确定性呈正相关。而任务1是代理人的本职工作，委托人对任务1支付的主要依据是企业绩效，任务1的不确定性高于任务2的不确定性，也就是说，对于代理人不确定性较高的任务，委托人应降低激励以弱化其风险分担，而对于代理人不确定性较低的任务，委托人应该给予较高的激励。这样，激励合同不仅仅是诱导管理者提升努力水平，而且要引导管理者在各种任务之间合理分配投入。因此有如下性质。

性质4：在其他条件相同的情况下，委托人给予代理人本职工作任务的激励力度应该大于代理人非本职工作任务的激励力度。

综上所述，在现实生活中，代理人常常面临着多项任务或一项任务的多个维度，对多任务委托代理问题进行分析，考察多任务下代理人的努力成本及其薪酬优化就显得非常有必要。因此，本小节以科布—道格拉斯生产函数为切入点，借鉴Holmstrom和Milgrom、田盈和蒲勇健等的分析框架，得到的结论对我

---

[1] 田盈,蒲勇健.多任务委托—代理关系中激励机制优化设计[J].管理工程学报,2006,9(1):24-26.

国垄断行业企业高管薪酬测度指标体系的建立研究有一定的理论意义及实践意义。

4.3　本章小结

综上分析，利用科布—道格拉斯生产函数，直接将垄断优势、代理人的代理能力水平、代理人的努力程度这3个因素引入模型中，得出以下5点主要结论。

第一，垄断优势夸大了代理人的努力成果。与非垄断企业相比，垄断优势使得垄断企业的"企业绩效—代理人努力程度的敏感度"高于非垄断企业，但"代理人薪酬—企业绩效相关度"低于非垄断企业。可见，在代理人同样的努力程度下，垄断企业具有的天然的垄断优势夸大了代理人努力的成果，而非垄断企业不具有垄断优势，能够比较客观地反映代理人的努力成果。

第二，垄断优势和代理人的代理能力水平均与委托代理效果呈正向影响。企业垄断优势和代理人的代理能力水平与委托代理效果成正相关关系，企业垄断优势越强，委托代理效果越好；代理人的代理能力越高，委托代理效果越好。

第三，代理人的风险规避度负向作用于薪酬激励强度。代理人规避风险的程度越高，激励强度就应当越小。激励强度增加，由随机因素而造成的产出波动给代理人带来的收入不确定性也增强，代理人因此而面临的风险就越大。对代理人的激励由于需要相应的风险补偿而给委托人造成额外的成本，代理人的风险规避度越高，该成本也就越大，此时，委托人会通过降低激励强度来减少代理人面临的风险。

第四，外界环境的干扰负向影响代理人努力的成果。在我们讨论的产出模型中，ε是一个外生的随机变量，它的方差表示市场的不确定程度。当外界干扰较大时，努力与产出之间的相关性就会下降。也就是说，最终的高产出更可能是"好运气"而非代理人努力的结果，类似地，低产出更可能是"坏运气"

而非代理人不努力的结果，最优努力程度会随外界干扰的加大而减小。❶

第五，现实中，代理人常常面临着多项任务，本章对委托代理模型作了进一步的拓展，优化了多任务委托代理关系中的激励机制。主要有3点：一是绩效薪酬的增加会相应增加代理人对权力、声誉、地位、职位晋升和在职消费等非本职工作目标的需求；二是代理人有可能在正常薪酬之外谋取在职消费等权力收益；三是将隐性契约引入模型很有必要。但前提是，委托人给予代理人的激励应区分代理人的本职工作和非本职工作而定，对前者的激励强度要明显高于对后者的激励强度。

经过这一章的分析与推导，证实了行业垄断优势因素对企业绩效及高管薪酬的影响，也发现外生变量可能对高管薪酬造成的影响。因此，委托人在制定激励合同时，应综合考虑公司内部环境和外部环境等因素。

另外，由于该综合模型含参量多，求解激励机制强度 η^*、η 相对烦琐，其他可观测变量对最优激励机制影响的分析在本研究中也难以深入。本章的分析与讨论对我国垄断行业企业高管薪酬制度的分析与设计具有十分重要的借鉴意义，也有助于后面章节展开进一步分析与讨论。

---

❶ 值得注意的是，我们这里探讨的是代理人努力程度 e 是一维连续变量的情况。在连续情形下，最优努力程度会随着外界干扰的加大而减小，在离散情形下，即假定代理人的努力只有努力和偷懒两种情形，只要代理成本不是太高，委托人都会设法激励代理人努力。只要代理人努力仍是最优的，那么这个最优的努力程度并不发生改变(陈钊.信息与激励经济学[M].上海:格致出版社,2010:181.)。

第5章 我国垄断行业企业高管薪酬测度指标体系

高管薪酬是一个复杂的系统，如图5-1所示，可以分为显性薪酬（Dominant Salary）和隐性薪酬（Recessive Salary）两大类。显性薪酬和隐性薪酬又包含了许多内容（见图5-1）。因此，在涉及薪酬内容时，称其为薪酬体系。

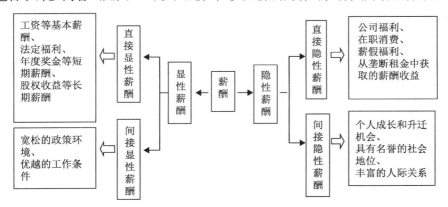

图5-1 垄断行业企业高管薪酬（体系）的内涵

资料来源：李平.上市公司CEO薪酬激励研究[D].长沙：湖南大学博士学位论文，2004：41.

一般地，显性薪酬包含基本工资、年度奖金、股权收益和法定福利❶等。隐性薪酬则主要指显性薪酬之外的各种货币收入和非货币收入，如一些行业的企业在年终或重大节日给职工发放的各种名目的奖金、津贴、补贴等，福利性住房，子女家属就业、上学方面的优惠，福利性工作餐以及补充养老金、企业年金等。在职消费是最典型的，也是争议最大的隐性薪酬。这里，为了和法定福利区分，将隐性薪酬中的这些福利称为公司福利。

显性薪酬又可以分为直接显性薪酬和间接显性薪酬：直接显性薪酬指企业

---

❶ 法定福利指国家或地方政府为保障员工利益而强制各类组织执行的薪酬部分，如社会保险等。

根据高管个体贡献大小直接支付给个体的货币薪酬，包括工资、年度奖金、股权收益等；间接显性薪酬指法定福利，如保险、住房公积金等，还有高管享有的相对于非垄断行业企业高管更加宽松的政策环境和优越的工作条件等。隐性薪酬又可分为直接隐性薪酬和间接隐性薪酬：直接隐性薪酬指工资、奖金外的货币收入，包括各种补贴、津贴、年终奖等公司福利，在职消费以及垄断租金；间接隐性薪酬指高管从生产劳动和工作过程之外获得的报酬，如个人成长和升迁机会、优越的社会地位、丰富的人际关系等。

根据以上划分，我们主要考察的是显性薪酬和隐性薪酬中的直接薪酬部分。根据前边关于高管薪酬理论模型的建立，以及对高管薪酬内容的考量。本书将垄断行业企业高管薪酬界定为短期薪酬、长期薪酬、权力薪酬和垄断租金薪酬4个部分，其中，短期薪酬和长期薪酬属于显性薪酬部分，权力薪酬和垄断租金薪酬属于隐性薪酬部分，并从这4个方面设置相应的指标（见表5-1）。

表5-1　我国垄断行业企业高管薪酬的测度体系[1]

一级指标	二级指标	三级指标	具体的衡量指标
垄断行业企业高管薪酬	短期薪酬	高管薪酬水平	前3名高管薪酬平均值的对数
		高管薪酬差异	全体领薪的董事、监事、高管平均薪酬的对数
	长期薪酬	高管持股水平	高管人员持股总数
		高管持股比例	高管人员持股比例
	权力薪酬	在职消费	管理费用-董事、高管、监事会领薪总额-坏账准备-存货跌价准备-当年无形资产摊销额
	垄断租金薪酬[1]	垄断租金薪酬	前3名高管薪酬总额均值 $\times$ $\dfrac{\text{垄断租金}}{\text{净利润}}$

---

[1] 严格地讲，根据垄断租金计算出的垄断租金薪酬应该包含在货币薪酬（短期薪酬）内，因为垄断租金是垄断企业名义绩效（会计利润）的一部分。本书中，为更好地阐释我国垄断行业企业高管薪酬中有多少是来源于高管努力，又有多少是来自垄断优势，故而将垄断租金薪酬单独作为高管薪酬的一部分。

5.1　短期薪酬

我国垄断行业企业高管短期薪酬主要是指显性直接薪酬中的基本薪酬和短期薪酬所带来的激励，具体表现为高管的工资等基本薪酬、绩效薪酬、奖金和法定福利。一般地，基本薪酬用于维持高管及其家庭生活，不受企业绩效的影响。绩效薪酬、奖金和法定福利是高管人员基于过去某一时期更高的工作绩效，即给委托人带来的收益，通过利润分成的途径而额外获取的奖励性报酬。

短期薪酬主要包括以下两个三级指标：

（1）高管薪酬水平。评价高管人员在国内所处的相对薪酬水平。较高的薪酬水平将会产生较强的激励作用。高管薪酬水平用前3名高管薪酬平均值的对数衡量。

（2）高管薪酬差异。衡量的是前3名高管和全体在公司内领薪的董事、监事等所有高管的薪酬差异。差异程度较大的将会产生较强的激励作用。

5.2　长期薪酬

长期薪酬指高管所拥有的公司股权和股票期权等不确定性的长期风险收入所带来的激励，是根据高管个体的努力程度和努力结果，允许其参与企业剩余分配的激励制度。通过长期激励，可以引导高管为实现企业的长期目标努力，一定程度上避免高管的短期行为。

长期薪酬主要包括以下两个三级指标：

（1）高管持股水平。评价高管持股在同行业内所处的相对水平。较高的持股水平将会产生较强的激励作用。

（2）高管持股比例。衡量高管人员持股数量与公司全部持股量相比的相对水平。较高的持股比例将会产生较强的激励作用。

5.3　权力薪酬

权力薪酬主要衡量的是隐性薪酬中直接薪酬带来的公司福利、在职消费等激励。由于管理层权力的作用，高管掌握着企业的经营控制权，享有职位特权，享受在职消费，给高管带来了除正常酬激励之外的物质层面和精神层面双重的利益满足，因此权力薪酬具有重要的激励作用。

权力薪酬用高管在职消费作为替代变量，考核高管利用管理层权力增加薪酬契约外的报酬激励。目前，理论界关于在职消费尚无统一的衡量指标。借鉴田利辉（2004）的做法，刘志远、邵军（2005）以管理费用为基础，用主营业务收入对管理费用进行调整，以消除公司规模可能对此变量的可能影响。陈冬华、陈信元和万华林（2005）认为，在职消费是办公费、会议费、业务招待费、差旅费、董事会费、专车费、出国培训费和通信费8项内容的总和，原因是高管人员常常将和企业无关的私人支出借助这些费用的形式予以报销，并以间接法❶计算在职消费予以佐证。权小锋等（2010）对在职消费的考核依据是采用财务报表中的管理费用扣除董事、高管、监事会领薪总额、坏账准备、存货跌价准备、当年无形资产摊销额等金额后的净额。本研究借鉴权小锋等的研究成果，即在职消费=管理费用－董事、高管、监事会领薪总额－坏账准备－存货跌价准备－当年无形资产摊销额。

5.4　垄断租金薪酬

5.4.1　理论解释

效率工资理论和租金分享假说是解释行业间收入差距的两个层次。Solow

---

❶ 作者将现金流量表中"支付的其他与经营活动有关的现金流量"项目金额减去年报附注中披露的所有与在职消费无关的明细支出项目作为计算"在职消费"数据的间接法。

（1979）是最初探讨工资黏性的学者，他认为提高员工工资有助于增强其工作的努力程度，进而增加企业产出。这为后来效率工资理论的发展奠定了基础。

效率工资理论模型主要包括标准的效率工资模型（Shapiro，Stigilitz，1984）、偷懒模型（Albrecht，Vroman，1998）、反淘汰模型（Stiglitz，1974；Nickell，Wadhwani，1990）、离职成本模型（Montgomery，James，1991）和社会风俗模型（Akerlof，1982）。其中，社会风俗模型阐明员工报酬水平和企业的劳均利润水平相关，这为我们揭示垄断行业与非垄断行业收入差距的原因提供了理论依据。

Krueger 和 Summers（1987）发现租金分享（Rent-sharing）现象在资本所有者之间以及资本所有者与普通职工之间普遍存在着。并将垄断行业的收入"溢价"（Premium）界定为"非竞争性的经济租"。遵循这一路径继续探究，研究者演绎出了可以进一步解释行业收入差距的租金分享假说。租金分享假说的核心内容是，垄断厂商凭借其垄断优势获取了垄断租金，其管理层人员和普通员工都有动机和机会能够分享到这部分垄断租金（Neven，Roller，1996）。而且，拥有越强垄断优势的厂商，其盈利能力越强，管理层和员工分享垄断租金的可能性越大。

在效率工资理论和租金分享假说的基础上继续探究，本书试图寻找其他能够促使垄断租金得以在垄断行业内分享的因素。

Hicks（1935）在研究垄断行业高管人员行为时发现，在完全垄断的情形下，垄断行业企业高管人员除了利用高的企业绩效水平获取相应的高报酬外，还可能利用其他因素增加其效用。这就是说，垄断行业企业高管可能为了实现其个人效用最大化而选择放弃对利润最大化目标的追求。

具体到我国的垄断行业，其高管人员多由行政任命产生，"国家—企业、企业—经营者"式的多重委托代理关系导致高管人员目标呈现多元化，一是完成企业价值最大化的经营目标；二是维护其领导地位，满足晋升等政治方面的需求；三是竭力增加职务消费等隐性收入的"隐性"需求。效率工资理论很好地解释了垄断行业企业高管的第一种需求，而后两种需求应由租金分享假说和管理层权力理论来共同解释。管理层权力理论的核心思想是认为管理层有动机和能力寻租，参与影响其薪酬的决策和制定（Bebchuk, et al., 2004）。租金分享假说阐明垄断行业企业高管人员能够分享到垄断租金，而管理层权力理论具体解释了高管人员是如何分享到垄断租金的。管理层权力是造成垄断利润在垄断行业内部分配不均衡的重要因素，同时加大了行业间收入差距，尤其是隐性收入的差距。

至此，本书发现，租金分享假说和管理层权力理论也是构建垄断行业企业高管薪酬决定因素微观计量模型变量的依据。

5.4.2 垄断租金测度

对垄断势力❶的分析以及对垄断租金问题的测度是产业组织理论非常关心的一个问题。以经济分析为基础，测度垄断造成的社会福利损失对反垄断政策的制定与实施有很重要的意义（陈甫军，胡德宝，2008）。要测度垄断租金，首先要清晰地认识"租金"（Rent）的概念。

对租金的界定有两种代表性观点：一是布坎南认为租金是超过机会成本的收入，即租金是一种差额，数值上等于某资源在使用中向资源所有者支付的款项与该资源在其他任何用途中能够得到的款项的差额（布坎南，1988）。二是来自《新帕尔格雷夫经济学大辞典》的解释，当某种资源量的使用可以暂时不受对其支付额的影响时，该支付称为"准租"；当某种资源量的使用长久地不受对其支付额的影响时，该支付称为"经济租"（伊特韦尔等，1992）。可以看出，二者都认为租金是基于经济权力而产生的，但寻租理论中的租金与经济学标注定义中关于租金的界定存在差异，前者仅指生产要素报酬与其机会成本的差额，后者包括一切生产要素所产生的报酬（邓名奋，2004）。依据经济学原理，在社会经济呈现完全竞争状态情形时，每个产业部门中各生产要素的报酬

---

❶ 垄断势力有时也被称作市场势力(Market Power)。严格地讲，市场势力的范畴更广，既包括卖方垄断势力，也包括买方垄断势力。本研究主要是指卖方垄断势力，即卖方能够定价高于竞争价格的能力。垄断势力越大，说明企业越有可能对市场形成垄断，社会福利净损失也就越高。

是一致的，此时租金为零。也就是说，垄断是租金产生的真正根源。

勒纳（Lerner，1934）首次提出了垄断势力的测度方法，即勒纳指数 $L=$ $(P-MC)/P$，并被广泛接受和应用。1954年，哈伯格建立了衡量垄断的社会成本模型——哈伯格三角（如图5-2中的三角形ADC）。他选取1924—1928年间美国73个制造业的平均数据，研究发现由垄断势力造成的无谓损失占美国国民收入的比例小于0.1%。

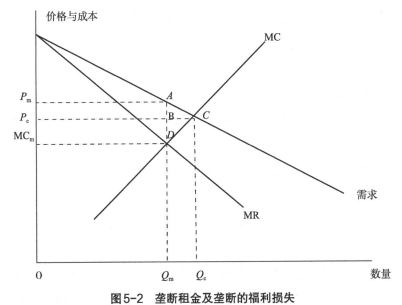

图5-2 垄断租金及垄断的福利损失

资料来源：R.格伦·哈伯德，安东尼P.奥布赖恩.经济学（微观）[M].北京：机械工业出版社，2011：385.

图5-2演示了垄断是如何影响消费者、生产者以及社会经济效率的。与完全竞争行业相比，垄断行业的价格更高、产量更少。垄断者在价格高于边际成本的点上停止了生产，因为垄断者限制产量而维持高的价格，会获取更大的利润。垄断者生产其利润最大化水平的产量，从社会学的观点来看，它没有生产最有效率的产量。我们用需求曲线之下、价格曲线之上的面积来衡量消费者剩余。垄断提高了市场价格，因此减少了消费者剩余，消费者剩余的损失等于矩形AP_mP_cC的面积。以供给曲线之上、价格曲线之下的面积来衡量生产者剩余，

即生产者出售产品或服务所获得的净福利。如图5-2所示，由于垄断势力导致价格上升，产量减少，最终减少了经济剩余，减少的经济剩余被称为无谓损失（Dead Weighted Loss，DWL），表示由于垄断而导致的经济效率的损失，即图5-2中三角形ADC的面积。可见，消费者剩余的减少一部分由垄断者以生产者剩余的形式获得，一部分成为无谓损失。同时，垄断导致价格上升增加的生产者剩余是矩形AP_mP_cB的面积，同时也会减少生产者剩余是三角形BCD的面积。由于矩形AP_mP_cB的面积大于三角形BCD的面积，因此，垄断增加了生产者剩余，即垄断产生了"垄断租金"。

垄断租金产生的原因是多方面的，一是自然垄断形成；二是对某些重要资源的独占使得垄断企业享有资源要素低价带来的高额利润。如现在1吨石油7000多元，国家只收30多元的资源税费，这就大大低估了垄断者的成本，实际上是国家对垄断企业的利益输送，这种收益不需要垄断企业付出更大的努力，而是凭借其垄断地位而获得的，即为垄断租金；三是依赖行政权力对市场准入的限制造成垄断高价，即把一部分消费者剩余转变成生产者剩余。

一般来说，在充分竞争的市场上，产品和服务的价格既反映产品和服务本身的稀缺性，也反映市场的竞争状况。因此，它最后形成的价格一定是市场均衡价格。但垄断行业因为没有竞争或竞争不充分，特别是一些国民经济基础和命脉行业，其价格由政府管制，所以它的价格既不反映稀缺性也不反映市场状况。而且从实际来看，由于受到政府管制，无论价格高低，垄断部门都不会有积极性去提供产品和服务。这就造成垄断产品和服务普遍比市场均衡价格要高，高出的部分就是行政垄断租金，它被转化成了垄断部门的高收入和高福利。若因为某种原因垄断产品和服务的价格低于市场价格，那么，国家也会给予垄断部门以补贴。尽管垄断会带来社会福利的损失已得到大家的共识，但是由于多种原因，在今后相当长一个时期内，我国垄断行业中的垄断租金还有可能继续存在。

哈伯格在对垄断净损失的估计中，并没有考虑垄断租金，但他将广告支出列为社会成本的一项内容。Cowling和Mueller（1978）也认为测度垄断租金时应该考虑广告支出。具体计算思路是，首先，根据估计的经济利润与广告支出的合计来测度垄断利润；其次，垄断利润扣除所得税后的净额即为垄断租金。他们对收集的数据进行实证研究发现，无谓损失（DWL）占GDP的比重为4%，若加上广告也作为寻租行为所造成的耗费，社会总福利损失占GDP的比重将可能达到13%。

借鉴Cowling和Mueller（1978）、姜付秀和余晖（2007）的计算方法，本研究假设垄断行业企业通过垄断优势获得租金时，企业的实际绩效是名义绩效（即会计利润）减去垄断租金后的差额。又考虑到我国尚未对广告支出这样的数据单独披露，而且垄断行业由于特殊的市场地位，一般并不像竞争行业那样支付大量的广告费。因此，估算垄断租金时，没有考虑广告支出。只是将扣除所得税后的垄断利润作为垄断租金。具体的计算思路是：

首先，以某公司营业收入为权重，计算全部样本公司加权后的净资产收益率，称其为正常净资产收益率。❶

全部上市公司的加权净资产收益率=

$$\sum\left(某公司的净资产收益率 \times \frac{该公司营业收入}{全部上市公司营业收入之和}\right)$$

其次，计算垄断行业企业的正常利润。

垄断行业企业的正常利润=净资产×全部上市公司加权净资产收益率

最后，计算垄断行业企业的垄断租金。

垄断行业企业的垄断租金=（会计利润-正常利润）×（1-所得税税率）

5.4.3　垄断租金薪酬衡量

查阅相关文献，并未发现有专门针对垄断行业企业高管薪酬中来自垄断租金部分的相关研究。垄断租金来源于企业的垄断优势，而并非由于高管努力的结果。因此，高管由于垄断租金而增加的薪酬应该属于隐性薪酬，并单独计

---

❶ 为了研究问题的方便，这里假定行业存在一个合理的正常净资产收益率。

量。在本书中，我们将这部分薪酬定义为垄断租金薪酬。

事实上，垄断租金薪酬是垄断企业高管寻租活动的结果，寻租活动的主体是垄断行业企业高管、客体是政府、标的是垄断租金。寻租导致的收入分配差距的扩大是不合理的，因此寻租只能产生负的外部效应。

我们尝试着给出垄断租金薪酬的确切测度。根据前边界定：垄断租金=（会计利润–正常利润）×（1–所得税税率），可以估算高管薪酬中垄断租金薪酬的大小。为了研究问题的一致性，我们对高管薪酬均以金额最高的前3名高管薪酬为研究对象。

即：

$$前3名高管垄断租金薪酬总额均值 = 前3名高管薪酬总额均值 \times$$
$$垄断租金/净利润$$

即：

$$前3名高管垄断租金薪酬总额均值 = 前3名高管薪酬总额均值 \times$$
$$(净利润 – 净资产 \times 全部上市公司加权净资产收益率) \times (1 – 所得税税率)/净利润$$

5.5　本章小结

第4章从科布-道格拉斯生产函数出发，对委托代理理论模型的推导可知，高管人员的能力和努力程度各异，从而表现出不同的高管人员行为，并最终产生一定的企业绩效。一定的企业绩效给高管代理一定的薪酬回报，高管薪酬又激励和影响着高管人员的行为，进而产生新的企业绩效。根据期望理论，新的企业绩效再次激励高管人员重新调整其行为和努力程度，以追求新的效价和期望，这是不断循环往复的过程。在这个过程中，影响高管薪酬的诸多因素之间相互影响、相互联系、相互制约，周而复始地进行着。

为了全面分析我国垄断行业的高管薪酬制度，应该根据企业所处的权变环境制定科学合理的薪酬体系，以保证良好的企业绩效及满足高管人员多方位需求。这就要求我们从多视角来研究高管薪酬与企业绩效的关系。本书主要研究我国垄断行业企业的高管薪酬制度，将高管薪酬分为显性薪酬和隐性薪酬两大类，具体地划分为短期薪酬、长期薪酬、权力薪酬和垄断租金薪酬4个部分，并从这4个方面设置了相应的指标。行业竞争度、企业基本特征和公司治理机制等内外部因素一起作用于高管薪酬激励机制，行业竞争度也影响着企业基本特征和公司治理机制。因此，我国垄断行业企业高管薪酬激励机制包括短期薪酬（货币薪酬激励）、长期薪酬（股权激励）、权力薪酬（在职消费、声望、地位等）和垄断租金薪酬激励。

第6章 我国垄断行业企业高管薪酬制度的实证设计

6.1 研究样本与数据来源

6.1.1 样本选取的时间段

本研究在选取研究时间段时，考虑了四方面因素。

第一，2001年12月，在证监会公布的《公开发行证券的公司信息披露内容与格式准则第2号〈年度报告的内容与格式〉》中，首次要求我国上市公司披露高管薪酬的相关信息。这使本书作者只能收集到上市公司2002年以后的相关数据。

第二，截至2015年，本研究所选样本中有79.43%[①]的垄断行业上市公司属于国有性质，因此，国有企业改革时间表是决定本研究时间段选取时的第二因素。参考金碚、黄群慧（2005）对我国国有企业改革阶段的划分：第一阶段是1978—1993年，此期间国有企业改革的主要任务是通过扩大国有企业的自主经营权激发其经营活力；第二阶段是1993—2001年，旨在明确国有企业改革的市场经济体制目标；第三阶段是2001年至今，核心是建立健全现代企业制度和产权制度，具有较为现代的高管聘用和高管薪酬制度是该阶段的突出特点。因此，2001年是国有企业高管薪酬改革进程中的分水岭。尤其是2003年

[①] 在选取本研究样本2015年108家垄断上市公司后，在CMSAR中查找其第一大股东情况，对样本公司的股权结构分析后发现，有79.43%的垄断行业企业为国有性质。

《中央企业负责人经营业绩考核暂行办法（2003）》的出台，标志着我国国有企业管理层薪酬考核正式步入与企业绩效考核挂钩的规范化道路。这一政策事件可以作为本书的制度起点。❶

第三，我国行业统计口径在2003年前后发生变化。

第四，截至本书写作完毕，研究样本组和对照组的会计年报只完成至2015年。

综合考虑上述四方面因素，本书选取研究样本的时间段为2003—2015年。

6.1.2　研究样本组与对照组

本书主要研究我国垄断行业企业高管薪酬问题，为了使选取的样本数据具备模型分析所需，尽量消除非正常样本对研究结论的影响，保证数据的有效性，按照下列标准筛选和处理原始样本。

第一，公用事业类和金融保险类公司报表与其他上市公司报表编制方法不一致，不具有可比性，故剔除公共事业类和金融保险类公司；

第二，剔除缺失相关变量数据和财务状况异常的样本公司，如剔除资产负债率大于100%，即资不抵债的公司，并对数据库提取的部分数据与年报进行了检验和更正；

第三，剔除业绩极差的ST、PT和已经退市的公司，以及因财务虚假被曝光的公司和各项资料中有重大变异的样本公司，以消除异常值的不利影响；

第四，由于新上市的公司各方面机制尚未健全，业绩不稳定，故所选样本公司不包含2003—2015年期间新上市的公司；

第五，为消除极端值的影响，对主要连续变量将处于0~1%和99%~100%的样本进行Winsorize处理。❷

---

❶ 根据新制度经济学观点，契约结构内生于制度环境，因此，当企业的制度环境发生改变时，薪酬契约的特性也会发生改变。据此，本书样本起点选择2003年。

❷ 在表6-2和表6-3的描述性统计结果中，为了便于考察对研究变量的理解，并没有对变量进行Winsorize处理。

在本书第3章里，选取行业集中度、行业国有化比重、垄断结构及行业平均收入为判定行业垄断的主要指标，以某行业职工平均工资与全部行业平均工资的占比≥30%作为判定垄断行业的辅助性指标，运用主成分分析法界定的垄断行业包括证券业，航空运输业，石油和天然气开采业，煤炭开采和洗选业，银行业，保险业，烟草制品业，电信、广播电视和卫星传输服务业，电力、热力的生产和供应业，铁路运输业，水的生产和供应业，石油加工、炼焦及核燃料加工业，邮政业，燃气生产和供应业14个行业。在这14个垄断行业中，考虑到邮政业和烟草制品业没有上市公司，缺乏必要的数据来源；金融行业的财务报表和其他行业的财务报表编制方法有较大差异，影响数据的可比性，因此，邮政业、烟草制品业、证券业、银行业和保险业不属于本书的研究范畴。为使研究结论更具有说服力，本书在研究组之外又选取了相应的对照组，即非垄断行业组。在选取非垄断行业组时，主要考虑的因素有两个：一是行业类别与垄断行业基本一致，这样可以增加对照组选取的有效性；二是资产总额与垄断行业企业大体一致。❶

需要说明的是，国家统计局和证监会对行业的划分标准并不一致。国民经济行业划分中的电信、广播电视和卫星传输服务业对信息的传输和制作作了明确区分：利用光电系统或电磁系统进行信息、信号的传输服务的属于垄断行业范畴，而对广播、电视、电影、影视录音内容的制作、编导、主持、播出、放映等活动被划分在文化、体育和娱乐业中，属于非垄断行业。但在证监会的行业分类中，并未对广播、电影、电视及信息传播服务的制作和传播加以区分。因此，本书只将证监会的行业分类中的电信服务业列入垄断行业样本的选取。

---

❶ 该结论来自过往的经验研究。在中西方研究中，Meguire 等（1962）、Oyt（1988）、Kroll 等（1990）、Rosen（1992）、Pavlik（1993）、Joseow 等（1993）、周业安（2000）、陈志广（2002）、张俊瑞等（2003）、唐矿（2006）、卢锐（2007）、崔宏（2008）、骆平（2009）等的研究结论支持了本研究的对照组选择依据。陈震、丁忠明（2011）在其研究中，将垄断行业界定为具有极高寡占型市场结构的行业，即CR4>75%，对照样本则选取的是具有原子型市场结构的产业类型，即CR4<30%。与陈震等研究者不同的是，本书根据主成分分析法界定了垄断行业范畴。同时，考虑到样本的一般性和数据的可得性，将行业、资产总额大致作为选取对照样本的主要标准。

具体情况见表6-1。

表6-1　国民经济行业划分、CSRC对照与垄断行业样本选取说明

国民经济行业中的垄断行业	证监会行业中的垄断行业	样本选取说明
航空运输业	航空运输业	选取
电信、广播电视和卫星传输服务业	电信服务业、广播电影电视业、信息传播服务业	选取电信服务业
铁路运输业	铁路运输业	选取
石油和天然气开采业	石油和天然气开采业	选取
电力、热力的生产和供应业	电力、蒸汽、热水的生产和供应业	选取
水的生产和供应业	自来水的生产和供应业	选取
石油加工、炼焦及核燃料加工业	石油加工及炼焦	选取
燃气生产和供应业	燃气生产和供应业	选取
煤炭开采和洗选业	煤炭开采和洗选业	选取
证券业	证券业	财务数据不具有可比性，不选取
银行业	银行业	财务数据不具有可比性，不选取
烟草制品业	烟草业	无上市公司，不选取
邮政业	邮政服务业	无上市公司，不选取
保险业	保险业	财务数据不具有可比性，不选取

综上所述，本书主要研究9个代表性的垄断行业上市公司。按照上述标准，经过筛选后，最终得到2645家深沪两市的上市公司数据，共22079个观测值。其中，垄断行业组167个样本，共1777个观测值；非垄断行业组2478个样本，共20302个观测值。

6.1.3　数据来源及说明

本书使用的高管薪酬数据主要来自国泰安（CSMAR）数据库；公司治理数据主要来自北京色诺芬（CCER）数据库；财务数据主要来源于CSMAR和Wind数据库；有关在职消费的部分数据以及数据库缺失的数据经作者手动查

询公司年报、巨潮资讯网和中国证券网后获得，并计算整理；各行业平均工资数据来自国家统计局网站。

为保证准确性，数据均经过计算机校验。

根据数据来源，主要选取前3名高管薪酬总额均值、在职消费、垄断租金薪酬作为高管薪酬的研究对象，并使用Excel和SPSS统计软件进行分析。

6.2　变量设计及说明

6.2.1　被解释变量——高管薪酬

根据本书第5章对高管薪酬测度指标的分析，本书对垄断行业企业主要考察高管薪酬的短期薪酬、长期薪酬、权力薪酬和垄断租金薪酬4个组成部分。对非垄断行业企业主要考察高管薪酬的短期薪酬、长期薪酬和权力薪酬3个组成部分。但是从选取的样本来看，垄断行业有51%的企业高管未持有股份，非垄断行业有35%[❶]的企业高管未持有股份。考虑到垄断行业样本组有一半以上的企业高管没有长期激励，本研究重点考察高管短期薪酬、权力薪酬和垄断租金薪酬。

1.高管短期薪酬

短期薪酬包括以下两个指标。

（1）高管薪酬水平（Lnpay）。为强调公司核心层的合力作用，高管薪酬水平以年度现金薪酬中最高的前3名高管人员薪酬总和的均值衡量，实证过程中采用年度报酬均值的自然对数以保证变量的正态性。

（2）高管薪酬差异（Lndif-pay）。用全体领薪的董事、监事、高管平均薪酬的对数表示。

2.权力薪酬——在职消费（Lnperk）

如本书第5章所述，在职消费=管理费用-董事、高管、监事会领薪总额-

---

❶ 该数据根据样本中高管持股总数指标计算得出。

坏账准备–存货跌价准备–当年无形资产摊销额。❶

3. 垄断租金薪酬（Lnmon-pay）

根据第5章的分析，垄断租金可以估算为：

前3名高管垄断租金薪酬总额均值 = 前3名高管薪酬总额均值 ×

$$\frac{(净利润 - 净资产 \times 全部上市公司加权净资产收益率) \times (1 - 所得税税率)}{净利润}$$

需要说明的是，如果某企业净利润低于按照全部上市公司加权净资产收益率计算的"正常利润"，依据上述公司求得的垄断租金薪酬小于0，则意味着该公司不存在垄断租金薪酬，即取值为0。

6.2.2　解释变量

根据前文对高管薪酬影响因素的分析，选取解释变量如下。

1. 企业绩效的测度与指标选取

企业绩效❷是指一定经营期间的经营者业绩和企业经营效益，是"业绩"和"效率"的统称。目前，研究者普遍认为，会计绩效指标和市场绩效指标是度量企业绩效的两大类指标。但哪种指标或哪些指标组合后的体系更能够准确地反映企业绩效，仍存在很多争议。

传统的企业绩效衡量指标是财务指标，因其能够较真实地反映企业财务状况的客观性和可观察性而普遍为研究者所接受。常用来衡量企业会计绩效的指标有：净资产收益率（ROE）、总资产收益率（ROA❸）、每股收益（EPS）、主营业务收入增长率（MIG）和总资产周转率（TAT）等。例如，Lambert认为以

---

❶ 由于上市公司在2007年开始执行新的会计准则,因此本研究2007年前的财务数据应用了Wind旧版的财务报表数据。

❷ 绝大多数研究者没有区分企业业绩和企业绩效,与他们不同的是,本研究认为企业绩效包括企业业绩和企业效率,对二者加以区分,并分别选取了衡量指标。

❸ ROA 是 Return On Total Assets 的英文缩写;EPS 是 Earnings Per Share 的英文缩写;MIG 是 Main Business Income Growth 的英文缩写;TAT 是 Total Asset Turnover 的英文缩写;MER 是 Management Expense Ratio 的英文缩写;CMC 是 Cost Management Capabilities 的英文缩写。

历史成本为原则计算的净资产收益率的可靠性和可观察性要高于以股票价格衡量企业绩效的市场绩效指标，并剖析了企业采用净利润指标为基础决定的短期激励的原因。

虽然会计绩效指标以其较真实地反映企业财务状况的特征为研究者所接受，但会计绩效指标也有自身的缺陷。归纳起来有两点：一是以历史成本原则为核算依据的财务绩效指标集中反映企业短期绩效，而忽视企业发展的长期前景。例如，Grossman 和 Hoskisson（1998）研究发现，被视为企业费用的研发、广告和员工培训等支出的增加会减少会计利润。但从长期来看，这些支出将有利于企业的长期发展。这样，如果高管薪酬是基于会计绩效，高管可能为了提升其绩效水平，而减少那些会降低企业短期绩效但利于长期发展的支出，造成短期行为。二是会计绩效指标可能被高管操控，从而成为高管提高自身薪酬的工具。例如，对于主观性较强的折旧方法的选取、存货估价、某些收入和支出项目，高管可能会选择利于自己的会计标准"修正"和操纵会计利润（Chakravarthy，1986）。但即便如此，许多研究者仍将会计绩效指标作为衡量企业绩效的依据，因为它更重要、更公正（Duru，Iyengar，1999）。

考虑到会计绩效指标存在的缺陷，研究者将视角转移到市场绩效指标上。市场绩效指标指能反映企业市场价值的指标，又常被称为股票绩效，因其更加符合股东追求财富最大化的目标要求而广为研究者所接受。主要包括市盈率（PER[1]）、Tobin Q 值（Tobin Q）、市净率（PBR）、股票价格（SP）、股票回报率（SR）、公司价值变动（CVC）等指标。资本市场所描述的给定风险水平下的企业股票价值正是企业股东财富在股票市场上的表现，因此，与会计绩效指标相比，市场绩效指标的优点是更加接近于股东财富最大化的财务管理目标。如果资本市场充分有效，市场交易者的所有就可以通过信息股票交易价格得以反映，采用市场绩效指标来衡量企业高管人员的工作努力程度完全可以避免会计信息披露中的代理问题。然而，资本市场并非充分有效。因此，使用市场绩

[1] PER 是 Price-Earnings Ratio 的英文缩写；PBR 是 Price-Book Ratio 的英文缩写；SP 是 Stock Price 的英文缩写；SR 是 Stock Returns 的英文缩写；CVC 是 Changes in the Value of the Company 的英文缩写。

效指标也存在不可避免的缺陷。在非充分有效的资本市场中，股价就不能够真实地反映市场交易者的信息，据此制定的高管薪酬激励机制就可能和有效激励目标相背离。因此单纯依靠市场绩效指标衡量企业绩效也会存在偏差。

综上，每种度量方法都有优劣。考虑到我国目前资本市场尚未完善，市场绩效指标的产生过程存在"噪声"，因此本书选取会计绩效指标总资产收益率、净资产收益率、总资产周转率和资产保值增值率进行研究。其中，总资产收益率和净资产收益率反映企业经营业绩；总资产周转率和资产保值增值率[❶]反映企业经营效率。所选指标解释详见表6-2所示。

2.企业规模（Size）

国外的实证研究表明，企业规模越大，业务运作范围越大，对高管能力的要求越高，因而高管要求的薪酬回报也越高。研究者的普遍结论是，企业规模与高管薪酬水平之间呈正相关关系（Gomez-Mejia，1994；Gaver，et al. 1995；Finkelstein，Hambrick，1996）。因此，本书采用企业规模作为解释变量之一。

需要说明的是，企业规模是不能够直接测量的一个潜变量[❷]，因此，常常用总销售额、总资产额或者二者的同时使用作为企业规模的替代指标。如肖作平、吴世农（2002）对样本公司的主营业务收入和总资产额均取其自然对数，来衡量企业规模的大小。

为了消除异方差的影响，本书在衡量公司规模时选取公司平均资产总额的自然对数。

3.股权结构

股权集中度和股权性质是常用来描述股权结构特征的两个变量。本书采用第一大股东持股比例（TOP1）来代表股权集中度；用上市公司实际控制人类别（Controller）作为股权性质的替代变量。

---

❶ 80%以上的垄断行业企业属于国有性质,考察其资产保值增值率对于衡量国有资产的保值增值状况有着重要意义。

❷ 在实际工作中,把那些不能被直接精确观测到或虽能被观测但尚需通过其他方法加以综合的指标称为潜变量,如某些抽象的概念或不能准确测量的变量。潜变量常常可以通过显变量间接测度出来,并借助显变量发挥作用。

4.管理层权力

1）界定管理层权力涵盖的内容

实务中，管理层权力（Power）有两大表现，即隐蔽性（卢锐，2008）和相对性（权小锋，2010）。首先，当公司股权较为分散、大股东处于相对控股地位时，大股东与管理层之间的合谋以及大股东的利益侵占效应会表现得较为明显（Jensen，Meckling，1976；孙永祥，黄祖辉，2006；Otten，2008）；其次，高管的一些职能和董事会重合，以及两者的平行任命，造成董事会难以对高管实施有效监督，高管拥有凌驾于董事会之上的契约决定权。

在衡量管理层权力时，研究者从不同角度选取了不同的变量。Otten（2008）在衡量管理层权力时选取的指标包括：两职合一、高管在董事会中任职与否、职工代表在董事会中的比例、非执行董事的数量以及非执行董事在董事会中的比例。Fahlenbrach（2009）选取高管任期、两职合一、董事会规模、独立董事数量、G指数和投资者的股权集中度来综合反映管理层权力。卢锐（2008）着重从3个维度，即两职兼任、高管长期在位和股权分散来度量管理层权力。权小锋等（2010）采用主成分分析法，将管理层权力、CEO任期、董事会规模、董事会中内部董事比例和国有企业金字塔控制链条的深度五方面指标合成我国国有企业管理层权力的综合指标。

借鉴已有文献的研究思路，采用主成分分析法，本书选择六方面指标综合合成后来测度管理层权力。

一是董事长与总经理的两职设置状况（Dir-dual）。描述董事长与总经理的职务设置是兼任还是分离。具体赋值是：1代表董事长、副董事长、董事与总经理完全分离；2代表副董事长、董事兼任总经理；3代表董事长兼任总经理。可见，数值越大，管理层权力越大，越有可能影响高管薪酬契约的有效性。

二是代理成本（Cost）。若高管兼任董事、副董事长或董事长，且管理费用占资产之比高于50%分位，取1；否则，取0。代理成本越高，说明管理层权力越大。

三是董事会规模（Board）。用董事会人数对其赋值。

四是独立董事比例（Ind-director）。即独立董事人数占董事会人数的比例。

五是薪酬委员会设置（Pay-committee）。若设置薪酬委员会，取1，否则取0。

六是股权控制度（Shareholdres）。描述公司控股股东与外部股东相对势力的强弱，衡量依据如下式：

股权控制度=（第一大股东持股比例－第二大股东持股比例）/第一大股东持股比例

当公司不存在控股股东时，股权控制度接近于0；当第一大股东处于绝对控股地位时，股权控制度接近于1，意味着能够有效制衡管理层。❶

上述六方面指标从不同角度反映了公司管理层权力，但每一个单独的指标都不能够完整地描述管理层权力的特征。因此，本书采用主成分分析方法将这6个反映管理层权力不同侧面的指标合成综合指标。

2）管理层权力指标测度

将上述分析的反映管理层权力不同侧面的指标合成综合指标。具体的主成分分析过程如下。

由于篇幅有限，此处仅列出2006年样本公司的管理层权力合成指标的主成分分析（Principal Component Analysis）过程，其他年份的计算过程类似，不再赘述。

通过主成分分析，将原来设计的多个变量做线性变化，转化为另外一组不相关的变量，选取方差最大的几个主成分，达到通过因子分析减少变量个数的目的，同时又能够反映原有信息中的绝大部分。具体地，运用SPSS18.0软件，依据上述可以在一定程度上反映企业管理层权力的5个指标，进行管理层权力合成指标的判定工作。由于指标较多，主观赋权重困难较大，而且各个指标之

---

❶股权制衡结构一般由上市公司第二、三、四、五位大股东持股比例之和与第一大股东持股比例的比值决定，考虑到数据的可得性，此处由(第一大股东持股比例－第二大股东持股比例)/第一大股东持股比例代替。

间存在高度的相关性（见表6-2），所以本书采用主成分分析法对指标进行处理，计算主成分值对企业管理层权力变量进行综合测度。

表6-2 KMO和Bartlett球形度检验

	取样足够度的 Kaiser-Meyer-Olkin 度量	0.654
Bartlett球形度检验	近似卡方	266.543
	df	13
	Sig.	0.000

第一，将样本数据标准化处理后，进行KMO和Bartlett球形度检验。

KMO统计量是取值在0~1。当所有变量间的简单相关系数平方和远远大于偏相关系数平方和时，KMO值接近1。KMO值越接近1，意味着变量间的相关性越强，原有变量越适合作因子分析；当所有变量间的简单相关系数平方和接近0时，KMO值接近0。KMO值越接近0，意味着变量间的相关性越弱，原有变量越不适合作因子分析。Kaiser给出了常用的KMO度量标准：0.900以上表示非常适合；0.800表示适合；0.700表示一般；0.600表示不太适合；0.500以下表示极不适合。

如表6-2所示，本研究的KMO为0.654，比较适合作因子分析。

第二，求相关性系数矩阵。

SPSS软件自动生成标准化矩阵，建立反映标准化后的数据之间相关关系密切程度的协方差矩阵 R。R 值越大，表明越有必要对数据进行主成分分析。其中，$R_{ij}(i=j=1, 2, \cdots, 46)$ 为原始变量 X_i 与 X_j 的相关系数。R 的计算公式是：

$$R_{i_j} = \frac{\sum_{k=1}^{46}(X_{kj}-X_i)(X_{kj}-X_j)}{\sqrt{\sum_{k=1}^{46}(X_{kj}-X_i)^2(X_{kj}-X_j)^2}}$$

具体计算结果见表6-3，可以看出，两职兼任与股权制衡度存在着显著的相关关系，董事会规模与独立董事人数存在着极显著的关系。可见许多变量之间直接的相关性比较强，存在信息上的重叠。

表6-3　相关性系数矩阵

	Two-jobs	Shareholdre	Bo-size	In-director	Committee
Two-jobs	1.000	−0.083**	−0.080**	0.046	0.005
Shareholdre		1.000	−0.022	−0.004	0.047
Bo-size				−0.531***	0.036
In-director				1.000	−0.022
Committee					1.000

注：**表示在5%的统计水平上显著（单尾检测）；***表示在1%的统计水平上显著。

第三，确定主成分个数。

根据协方差矩阵R求出特征值、主成分贡献率和累计方差贡献率，进而确定主成分个数。因为R是正定矩阵，所以其特征值均为正数。将其按大小顺序排列。主成分个数提取原则为主成分对应的特征值大于1的前m个主成分。特征值是各主成分的方差，在某种程度上可以被看成表示主成分影响力度大小的指标。如果特征值小于1，说明该主成分的解释力度还不如直接引入一个原变量的平均解释力度大，因此一般可以用特征值大于1作为纳入标准。

通过方差分解主成分提取分析可知，提取5个主成分的累计方差贡献率是100%，但是前3个主成分的方差和占全部方差的比例已达到82.771%。根据主成分个数的原则，特征值要求大于1且累计方差贡献率达80%~95%的特征值所对应的个数中的整数即为主成分个数。因此，我们这里只提取3个主成分进行测算，基本上保留了原来所有指标的信息，这样由原来的5个指标转化为3个指标，起到了降维的作用（见表6-4）。

表6-4 解释的总方差

主成分	初始特征值			提取平方和载入		
	特征值	贡献率（%）	累计方差贡献率（%）	特征值	贡献率（%）	累计方差贡献率（%）
Two-jobs	1.549	40.971	40.971	1.549	40.971	40.971
Shareholdre	1.086	21.718	62.689	1.086	21.718	62.689
Bo-size	1.004	20.082	82.771	1.004	20.082	82.771
In-director	0.895	17.898	90.669			
Committee	0.467	9.331	100.000			

注：提取方法为主成分分析法。

第四，建立初始因子载荷矩阵，解释主成分。

初始因子载荷量是主成分 Z_i 与原始指标 X_i 的相关系数 $R(Z_i, X_i)$，揭示了主成分与各变量之间的相关程度。

如表6-5可知，独立董事比例在第一主成分上有较高载荷，说明第一主成分基本反映了该指标的信息；股权制衡度在第二主成分上有较高载荷，说明第二主成分基本反映了该指标的信息；两职兼任、董事会规模、薪酬委员会设置在第三主成分上有较高载荷，说明第三主成分基本反映了这些指标的信息。可见，提取3个主成分是可以基本反映全部指标的信息。因此决定用3个新变量来代替原来的5个变量。

表6-5 初始因子载荷矩阵

	主成分		
	1	2	3
Two-jobs	0.129	−0.553	0.488
Shareholdre	−0.007	0.714	0.013
Bo-size	−0.562	−0.080	0.006
In-director	0.557	0.088	−0.016
Committee	−0.059	0.301	0.870

注：提取方法为主成分分析法。旋转法：具有Kaiser标准化的正交旋转法。构成得分。

第五，计算综合评分函数。

将原样本数据表（2006年样本公司选取了652家，数据表过大，未能列出）中的数据进行标准化处理，得到的数据用Z_{Duties}、$Z_{\text{Shareholdre}}$、$Z_{\text{Bo-size}}$、$Z_{\text{In-director}}$、$Z_{\text{Committee}}$来表示。根据主成分的计算公式可以得到线性组合：

$F_1 = (0.129Z_{\text{Duties}} - 0.007Z_{\text{Shareholdre}} - 0.562Z_{\text{Bo-size}} + 0.557Z_{\text{In-director}} - 0.059Z_{\text{Committee}}) /$
$\quad\quad \text{SQRT}(1.549)$

$F_2 = (-0.553Z_{\text{Duties}} + 0.714Z_{\text{Shareholdre}} - 0.080Z_{\text{Bo-size}} + 0.088Z_{\text{In-director}} + 0.301Z_{\text{Committee}}) /$
$\quad\quad \text{SQRT}(1.086)$

$F_3 = (0.488Z_{\text{Duties}} + 0.013Z_{\text{Shareholdre}} + 0.006Z_{\text{Bo-size}} - 0.016Z_{\text{In-director}} + 0.870Z_{\text{Committee}}) /$
$\quad\quad \text{SQRT}(1.004)$

$F = (F_1 \times 1.549 + F_2 \times 1.086 + F_3 1.004) / 3.679$

其中SQRT表示对括号内的数取平方根。

经计算：

$F_1 = 0.10365Z_{\text{Duties}} - 0.00562Z_{\text{Shareholdre}} - 0.45156Z_{\text{Bo-size}} + 0.44754Z_{\text{In-director}} -$
$\quad\quad 0.04740Z_{\text{Committee}}$

$F_2 = -0.53065Z_{\text{Duties}} + 0.68515Z_{\text{Shareholdre}} - 0.07677Z_{\text{Bo-size}} + 0.08444Z_{\text{In-director}} +$
$\quad\quad 0.28884Z_{\text{Committee}}$

$F_3 = 0.48703Z_{\text{Duties}} + 0.01297Z_{\text{Shareholdre}} + 0.00599Z_{\text{Bo-size}} - 0.01597Z_{\text{In-director}} +$
$\quad\quad 0.86827Z_{\text{Committee}}$

$F = 0.01991Z_{\text{Duties}} + 0.20342Z_{\text{Shareholdre}} - 0.21115Z_{\text{Bo-size}} + 0.20900Z_{\text{In-director}} +$
$\quad\quad 0.30225Z_{\text{Committee}}$

通过计算（详细结果表格过大，未列出），获得第一主成分F_1、第二主成分F_2、第三主成分F_3以及综合主成分F值。

6.2.3　控制变量

控制变量在面板数据模型中的作用是对回归模型的正确性做出评价，同时能够拒绝研究结果的其他解释。为了研究我国垄断行业企业高管薪酬问题，也有必要控制可能与高管薪酬存在显著相关性的变量或显著影响高管薪酬的变量。

本研究选取的控制变量包括：

（1）高管年龄（Age）。研究者普遍认为高管个人特征是影响其薪酬的因素之一，但影响是正相关还是负相关，以及影响程度有多大，由于样本选取的方式、数量不同，得出的结论也存在差异。彭璧玉（2006）研究表明，企业高管薪酬与其年龄是呈显著正相关关系。但 Deckop（1988）的研究却发现，高管薪酬和年龄并不存在显著关系。本书用董事、监事和高级管理人员平均年龄作为控制变量来考察对高管薪酬的影响。

（2）财务杠杆（DFL）。财务杠杆指公司债务筹资占总筹资的比例。❶一些研究表明，公司负债水平会影响高管薪酬契约（Mehran，1992；Berger，et al.，1997），二者之间存在相互影响、相互制约的关系。当企业负债水平较高导致破产风险较大时，公司一般会提高高管薪酬水平，或执行"金色降落伞计划"❷。可见，选取财务杠杆作为高管薪酬中的控制变量非常重要。

（3）现金流量（Cash）。将企业现金流量作为控制变量的考虑有二：一是现金流量是企业经营活动的血液，通过影响企业绩效质量而间接影响高管薪酬；二是高管薪酬最终是以货币的形式发放到高管手中，企业现金流量的多少将直接影响高管薪酬。

（4）地区因素（Region）。我国各地区之间市场化程度不平衡，经济发展

---

❶ 在一些资本结构理论对不同类型债务具有不同的含义。

❷ "金色降落伞"（Golden Parachute）指按照公司控制权变动条款的规定，在雇用合同中对被迫离职（不是由于自身的工作原因）的管理人员进行补偿的分离规定。一般地，企业在员工被迫离职时会向其提供一大笔"离职金"，其目的是减少股东与高管人员之间的利益冲突，降低高管人员在抵制被迫离职过程中的交易成本，从而接受这种可以为股东带来某种利益的控制权变动。所谓"金色"是指丰厚的补偿，"降落伞"则寓意高管人员在控制权变动过程中的平稳过渡。"金色降落伞计划"的执行在西方国家主要应用于高管人员在企业收购兼并过程中被解雇时的补偿，在我国则主要用于解决企业历史遗留问题，以弥补企业元老在退休前后物质利益和心理的落差。

水平参差不齐，公司治理改革进程差异较大，高管薪酬制度的设计和实施也表现各异。一般认为，市场化程度越高、经济发展水平越快、公司治理机制改革越完善的地区，高管薪酬制度也更合理。因此，本书将公司所处地区作为模型的控制变量。如果某企业属于北京、天津、河北、辽宁、上海、江苏、浙江、福建、广东、海南、山东这些经济较发达省市，赋值为1；否则取0。

（5）上市公司所处地区该行业的职工平均工资（Wage）。行业因素影响企业承担的风险以及边际产出的多少，能够体现行业差异的高管薪酬制度才可以更准确地衡量高管努力程度，使激励更加有效。魏刚（2000）、谌新民和刘善敏（2003）的研究结果显示，行业平均工资水平和地区平均工资水平均与高管薪酬之间呈现显著的相关关系。因此，本书选取《中国统计年鉴》中所披露的公司所在行业当年度平均工资，并对其取自然对数后赋值给上市公司所处地区该行业的职工平均工资变量。

此外，还选取了监事会规模（Supervisors）、审计委员会（Audit）、两职兼任（Two-jobs）和高管持股（Share）作为控制变量。具体说明如表6-6所示。

表6-6　研究变量指标及说明

指标			符号	说明
被解释变量	短期薪酬	高管薪酬水平	Lnpay	以年薪最高的前3名高级管理人员的年度现金薪酬总和均值的自然对数衡量
		高管薪酬差异	Lndif-pay	用全体领薪的董事、监事、高管平均薪酬的对数表示
	权力薪酬	在职消费	Lnperk	在职消费=管理费用-董事、高管、监事会领薪总额-坏账准备-存货跌价准备-当年无形资产摊销额
	垄断租金薪酬		Lnmon-pay	前三名高管垄断租金薪酬总额均值 = 前三名高管薪酬总额均值 × $\frac{(净利润 - 净资产 \times 全部上市公司加权净资产收益率) \times (1 - 所得税率)}{净利润}$
解释变量	企业绩效	总资产收益率	ROA	主营业务净利润÷平均资产总额，反映企业运用全部资产的获利能力
		净资产收益率	ROE	主营业务净利润÷期末净资产
		总资产周转率	Turnover	营业收入净额÷平均资产总额，考核企业资产经营的效率
		资产保值增值率	Appreciation	（年末所有者权益÷年初所有者权益）×100%

续表

指标			符号	说明
解释变量	企业规模		Size	公司平均资产总额的自然对数
	股权结构	股权集中度	TOP1	第一大股东持股比例
		股权性质	Controller	0代表国有控股；1代表非国有控股
	管理层权力	董事长与总经理的两职设置状况	Dir-dual	3代表董事长和总经理由一人兼任；2代表副董事长、董事兼任总经理；1代表董事长、副董事长、董事与总经理完全分离
		股权控制度	Shareholdres	$\dfrac{\text{(第一大股东持股比例 – 第二大股东持股比例)}}{\text{第一大股东持股比例}}$
		董事会规模	Board	董事会人数
		独立董事比例	Ind-director	独立董事占董事会总人数的比重
		薪酬委员会设置	Pay-committee	1代表设置；0代表不设置
		代理成本	Cost	1代表高管兼任董事、副董事长或董事长，且管理费用占主营业务收入之比高于50%分位；否则，取0
		管理层权力	Power	以上6个权力维度指标的主成分合成指标
控制变量	高管年龄		Age	董事、监事和高级管理人员平均年龄
	现金流量		Cash	经营活动现金净流量÷期初总资产
	财务杠杆		DFL	负债总额/资产总额
	地区因素		Region	1代表属于北京、上海、广东、浙江、江苏、河北、天津、辽宁、山东、福建、海南这些省市，定义为经济较发达省市；否则取0
	行业职工平均工资		Wage	上市公司所处地区该行业的职工平均工资
	监事会规模		Supervisors	监事会人数
	审计委员会		Audit	1代表公司设立审计委员会；0代表公司不设立审计委员会
	是否两职兼任		Two-jobs	1代表总经理兼任董事长；0代表总经理与董事长两职分离
	高管是否持股		Share	1代表高管持股；0代表高管不持股

注：本研究在常用的财务绩效指标外，又增加了资产保值增值率（Appreciation），反映企业资本的运营效率和安全状况。若该值大于100%，说明企业资本在原有的基础上实现了增值。该指标越大，表明企业经营效率越高。

6.3 研究假设提出和基本模型构建

6.3.1 研究假设

1.高管薪酬与企业绩效——假设H1

委托代理理论认为，解决股东与高管人员之间委托代理问题的有效途径是设计薪酬绩效相挂钩的激励制度。基于较为充分有效的资本市场体系，国外的大量实证结论证明企业绩效（包括会计绩效和市场绩效）决定着高管薪酬契约的制定。鉴于我国资本市场建设尚不完善，国内的研究结论普遍认为会计绩效相比市场绩效对高管薪酬的影响更为显著。尤其是近年来，随着高管持股的增加，众多的研究结论均表明薪酬与绩效之间呈显著正相关，企业也倾向于根据绩效制定高效能的薪酬激励机制（Jensen，Murphy，1990；Kaplan，1994；Mehran，1995；Dow，Raposo，2005）。因此提出以下假设。

假设H1-1：高管薪酬❶与企业业绩存在正相关关系。

本书的主要研究对象是我国垄断行业企业高管薪酬，而在垄断行业上市公司样本中，有79.43%的公司由国家控股，属于国有企业。我国《中央企业负责人经营业绩考核暂行办法》中明确规定，国有企业管理层绩效考核基本指标包括利润总额和净资产收益率，并未规定企业经营效率指标作为考核依据。因此，可能造成垄断行业企业高管只重视企业业绩而忽视企业效率的现象。另外，在第4章"我国垄断行业企业高管薪酬制度的理论模型构建"中，通过理论分析得知：垄断优势放大了代理人的努力成果，与非垄断企业相比，垄断优势使得垄断企业的"企业绩效-代理人努力程度的敏感度"高于非垄断企业。因此，提出假设：

假设H1-2：垄断行业企业高管薪酬——企业效率的相关度要低于非垄断

---

❶ 当然,这里的高管薪酬包括高管短期薪酬、在职消费和垄断租金薪酬。

行业企业。

假设H1-3：垄断行业企业高管薪酬——企业业绩的敏感度高于非垄断行业企业。

2.高管薪酬与企业规模——假设H2

国内外大量实证研究结论一般都支持企业规模是影响高管薪酬的重要因素之一，高管薪酬和公司规模间存在很强的关联性（Boyd，1994；Pavlik，Belkaoui，1991；Miller，Gomez-Mejia，1996），二者的变化趋势基本一致。垄断行业企业借助垄断优势而普遍拥有较大的公司规模，进而更易获取较高的公司绩效，这一点得到了芝加哥学派和哈佛学派的共同认可，尽管他们在对垄断行业企业超额利润来源及其可能的经济后果的认识上并不一致。[1]因此，本书用公司当年平均总资产的自然对数对其进行赋值，并假设：

假设H2-1：高管薪酬与公司规模存在正相关关系。

3.高管薪酬与股权结构——假设H3

作为公司治理机制的基础，不同的股权结构导致企业治理结构出现差异，进而影响企业高管的行为和企业绩效。企业的股权集中度越高，大股东的控制力越强，越有利于提高其监督能力，经理人在和股东的博弈中越可能处于劣势，高管对于薪酬的影响力就会下降。Mehran（1995）的研究结果显示，当公司存在大股东时，将采用更少的权益报酬。Kraft等（1999）的研究发现，股权集中度负向影响着高管薪酬以及薪酬绩效敏感度。因此，我们提出：

假设H3-1：高管薪酬与股权集中度负相关。

按照实际控制人类别分类，上市公司分为国有控股和非国有控股两类。一般认为，国有股占主导地位的企业对高管人员的市场价格信息反应较慢，薪酬调整速度也较慢。另外，从公司治理的角度看，"所有者缺位"现象使得国有企业高管在货币薪酬之外利用职务之便获取在职消费和一些"灰色"收入，这实际上提高了国有企业高管的薪酬收入水平，但并未反映到公司账面上。

---

[1]从本研究的描述性统计可以发现，与竞争行业企业相比，垄断行业企业有着较大规模和较高的企业绩效。

因此有：

假设H3-2：国有上市公司的高管薪酬水平较非国有上市公司要低。

4.高管薪酬与管理层权力——假设H4

设计合理的高管薪酬契约，将高管利益与企业价值结合起来，使得高管薪酬成为企业绩效的函数，从而可以弱化企业所有权和控制权分离而产生的委托代理问题。但若是缺乏有效的内部制衡机制，管理层权力常会被应用到高管薪酬的制度和执行上，出现高管自定薪酬现象。在选取的垄断行业企业样本中，有79.43%的公司是兼具自然垄断和行政垄断双重性质的国有企业或国有控股企业。相比非国有企业而言，国有垄断企业缺乏有效的监督和制衡机制，凭借其享有的稀缺性自然资源和行政赋权获得了超常规发展。其高管（包括董事长、总经理、总会计师等）的任命是政府委派制，不受经理人市场的约束，高管自定其薪酬的现象比较明显。近年来的大量实证研究表明，CEO薪酬水平与董事会的独立性呈负相关关系（Boyd，1994）；公司间互派董事影响高管薪酬决策的独立性和公正性（Hallock，1997）；为了避免业绩波动带来的风险，高管人员更希望薪酬与绩效无关，董事偏袒高管的低成本导致管理层权力对高管薪酬产生影响（卢锐，2008）；高管人员存在凭借其权力自定薪酬的现象，不过因权力大小而稍有差异。权力较小的高管人员关注其货币薪酬的获取，"必要"时会通过盈余管理来达到绩效考核的要求，权力较大的高管人员在实现其高货币薪酬的同时获取了权力收益，不必为了实现薪酬考核而"冒险"进行盈余管理（吕长江，赵宇恒，2008）。这些研究结论充分表明，高管薪酬激励并不必然能够解决委托代理问题，如果对管理层权力缺乏有效的监督和制衡，高管薪酬激励机制反而有可能使代理问题更加复杂化。经济人自利假设很好地解释了高管人员会利用或者"创造"所有对其有利的薪酬激励条款，从而影响甚至决定其薪酬的原因。这就是管理层权力理论阐述的主要内容。

管理层权力理论为探讨我国垄断行业企业高管薪酬制度问题提供了现实的理论依据。依据管理层权力理论，为了实现较高的薪酬水平和权力收益，高管人员存在运用权力寻租进而决策自己薪酬的可能性，这无疑和企业价值最大化目标相违背。股东自然不会任由高管寻租行为的发展，这使得高管人员不得不顾虑其声誉以及股东的监督和支持。因此，高管人员常常在操纵其薪酬时采用一些伪装的方式达到降低股东"愤怒"的目的（纳超洪，2009）。当高管人员发现股东对其薪酬操纵行为采取监督和管制措施后，较为隐蔽的在职消费便替代了高管人员对货币薪酬的追逐，尤其在我国的国有企业内体现得更为明显。原因有三：一是目前我国的法律、法规、制度对在职消费的内容以及监管并没有做出详细、明确的规定；二是普遍偏低的高管人员持股使得在职消费的违规成本很低，不足以震慑违规人员；三是由于国有企业存在薪酬管制，管理层权力对高管人员在职消费的影响较非国有企业更为明显（卢锐，2008；杨蓉，2011）。因此，高管薪酬契约的不完备性决定了高管人员有可能采取机会主义行为，过度追逐和享受在职消费。但是对于非垄断行业企业，在现代企业制度下，要更好地实现企业目标，就必须控制在职消费等隐性薪酬。故而，提出假设：

假设 H4-1a：在管理层权力作用下，高管薪酬水平与管理层权力正相关。

假设 H4-1b：在管理层权力作用下，垄断行业企业的高管权力薪酬（在职消费）与管理层权力正相关；但对于非垄断行业企业，高管权力薪酬（在职消费）与管理层权力负相关。

借鉴杨蓉（2011）的研究，在职消费客观上可能造成两方面后果：第一，在职消费可能影响市场，导致股价波动，进而影响高管收入。将这一路径称为管理层权力路径 I：管理层权力—在职消费—股价波动—薪酬变动。对此，Yermack（2005）已经证明，当诸如公司 CEO 利用其权力使用公司专机这样的事件曝光后，公众立即做出激烈反应，公司股价立即出现波动，CEO 薪酬随之下降。第二，在职消费可能影响企业绩效，导致企业利润下降，进而影响高管收入。将这一路径称为管理层权力路径 II：管理层权力—在职消费—财务绩效—薪酬变动。鉴于我国目前高管持股比例较低，此处主要证实在职消费路径 II。理论上讲，在职消费的存在会降低企业利润，与绩效挂钩的高管薪酬自然应该随之下降，但如果高管人员因在职消费的增加而享有的收益高于因公司绩效下降而减少的货币薪酬，高管人员仍然会理性地选择对在职消费的追求。为此，我们假设：

假设H4-2：在管理层权力作用下，在职消费的增加并未影响到货币薪酬的减少。

根据最优契约理论，薪酬契约的激励效应依赖于薪酬业绩的敏感性，高管薪酬与企业业绩的有效匹配是降低代理成本的有效途径。但管理层权力认为，基于企业业绩的薪酬契约，虽然可以激励管理层为实现契约目标而努力，但也增加了其进行盈余管理的动机，从而使业绩不可避免地包含"噪声"。Bergstresser 和 Philippon（2006）研究发现，在高管薪酬中股权激励比例加大时，管理层更倾向于进行盈余管理操纵业绩，达到增加收入的目的。我国学者如王克敏、王志超（2007）也发现了高管薪酬与盈余管理具有显著的相关性。因此，本书提出以下假设：

假设H4-3：在管理层权力作用下，权力越大的垄断行业企业高管越倾向于通过盈余管理手段操纵业绩，从而获取更高的绩效薪酬。

5.高管薪酬与企业绩效、管理层权力——假设H5

洪峰（2010）认为高管人员的寻租行为最终会在薪酬绩效敏感性中体现出来。管理层权力是把"双刃剑"，既具有正面的激励功能，又可能成为负面的寻租工具，而现实中究竟哪方发挥作用更大，取决于寻租权衡。如果高管人员倾向于寻租行为，就会降低薪酬决策的风险，也就是说，高管人员利用管理层权力寻租而影响薪酬决策结果会弱化薪酬的不确定性。考虑到高管的风险承受能力和高管薪酬的"尺蠖效应"（方军雄，2011），企业盈利时对高管的奖励和企业亏损时对高管的惩罚存在不对称性。所谓"尺蠖效应"，是指尺蠖无论是缩短还是伸直，都只朝着一个方向行进。引申到本书，高管薪酬"尺蠖效应"是指当企业盈利时，高管薪酬水平与盈利业绩正相关，且增加幅度大于企业业绩的增加幅度；当企业亏损时，高管薪酬未必下降，或者不降反升。我们想进一步考察的是，剔除了合理的高管避险因素后，在管理层权力寻租的作用下，高管薪酬的"尺蠖效应"是否会加大。即当企业盈利时，高管人员可以获得比较高的正常的薪酬水平和在职消费，但是当企业亏损时，由于绩效下降而导致薪酬水平和在职消费的降低，高管人员为了仍然维持较高的薪酬，可能会利用其管理层权力和议价能力而在企业亏损状态仍然保持较高的薪酬水平。因此，提出以下假设：

假设H5-1：在管理层权力作用下，管理层权力寻租行为会弱化薪酬的不确定性，导致其薪酬水平表现出只升不降的刚性特征。

假设H5-2：在管理层权力作用下，高管薪酬与亏损业绩的敏感度要高于与盈利业绩的敏感度，即高管薪酬表现出强烈的非对称性。

6.高管薪酬与企业规模、管理层权力——假设H6

最优薪酬契约理论要求高管薪酬的设计与企业业绩相关，高管剩余索取权与剩余控制权相匹配，以更好地解决委托代理问题。但现实中，高管人员和包括独立董事在内的薪酬委员会成员都有着自身效用最大化目标，代表股东利益的董事会在签订薪酬契约时，不可能完全控制高管薪酬契约的制定，高管有能力和动机影响自己的薪酬，结果是各利益方的自利性和有限理性导致合作过程中出现非合作博弈现象，薪酬契约的帕累托最优难以实现。因此，减少管理层权力在高管薪酬制定过程中影响的有效途径是尽量降低不可控制因素的作用，同时增加可控因素的作用。而在影响高管薪酬的所有因素中，公司绩效和规模是最重要的两个因素，相比业绩而言，高管更容易控制企业规模，这就导致高管不断地追求规模的扩大。

Kroll等（1990）、Grinstein和Hribar（2004）研究发现，理性的高管人员非常善于运用公司规模的影响来提高其薪酬水平。如实施兼并扩大企业规模，尽管兼并有可能导致企业绩效下滑，但这并没有抵挡公司规模扩大带来的高管薪酬水平的上升。公司规模因素已经赋予了高管薪酬水平刚性特征，也成为影响高管薪酬的最重要的因素。但是我国由于薪酬管制的存在，相比货币薪酬而言，垄断行业企业高管更愿意采取更加隐蔽的在职消费。因此，我们假设：

假设H6-1a：在管理层权力作用下，垄断行业企业业绩对高管薪酬水平的影响程度高于非垄断行业。

假设H6-1b：在管理层权力作用下，垄断行业企业规模对高管在职消费的影响程度高于非垄断行业。

假设H6-1c：在管理层权力作用下，垄断行业企业高管会通过增加业绩权重和规模权重来增加薪酬。

假设H6-2a：垄断行业企业中，业绩对高管薪酬水平的影响程度要大于规模的影响程度。

假设H6-2b：垄断行业企业中，业绩对高管在职消费的影响程度要小于规模的影响程度。❶

6.3.2　基本模型构建

本书采用多元线性回归方程验证提出的假设，检验解释变量、控制变量与被解释变量之间的相关关系。估计的多元回归基本模型如下：

$$\left(Y_{it}\right)_j = \beta_0 + \beta_1 \text{effect}_{it} + \beta_2 \text{size}_{it} + \beta_3 \text{top1}_{it} + \beta_4 \text{controller}_{it} + \beta_5 \text{power}_{it} +$$

$$\beta_6 \text{age}_{it} + \beta_7 \text{cash}_{it} + \beta_8 \text{DFL}_{it} + \beta_9 \text{region}_{it} + \beta_{10} \text{wage}_{it} + \tag{6-1}$$

$$\beta_{11} \text{supervisors}_{it} + \beta_{12} \text{audit}_{it} + \beta_{13} \text{two-jobs}_{it} + \beta_{14} \text{share}_{it} + \varepsilon_{it}$$

式中，$\left(Y_{it}\right)_j$ 表示高管薪酬变量，下标 it 表示第 t 期的 i 家公司。$j = a, b, c, d$。当 $j = a$ 时，高管薪酬变量为高管薪酬水平（Lnpay），即年薪最高的前3名高级管理人员的年度现金薪酬总和均值的自然对数；当 $j = b$ 时，高管薪酬变量为高管薪酬差异（Lndif-pay），即全体领薪的董事、监事、高管平均薪酬的对数；当 $j = c$ 时，高管薪酬变量为在职消费（Lnperk）；当 $j = d$ 时，高管薪酬变量为垄断租金薪酬（Lnmon-pay）。effect$_{it}$ 为公司绩效指标，包括总资产收益率、净资产收益率、总资产周转率和资产保值增值率。ε_{it} 为不可观测的随机误差。

---

❶ 关于这一点，和陈震等（2011）研究结论不同。陈震等研究者未对垄断行业企业高管薪酬中的显性薪酬和隐性薪酬加以区分。

6.4　本章小结

本章主要从实证检验的对象、样本公司的选取、研究时间段的确定、高管薪酬制度研究指标体系的构建、研究假设的分析与提出、基本模型的构建等方面出发，设计了实证研究的基本思路和框架。

具体地，选取我国2003—2015年的深沪上市公司为研究对象，并进行科学的筛选和数据处理，消除异常数据和样本的"噪声"影响。构建的高管薪酬制度研究指标体系包括被解释变量为高管薪酬（包括高管薪酬水平、高管薪酬差异、在职消费和垄断租金薪酬）；解释变量为企业绩效（包括企业经营业绩和企业经营效率），企业规模，股权结构和管理层权力；控制变量为高管年龄，现金流量，财务杠杆，地区因素，行业职工平均工资，监事会规模，审计委员会，两职兼任和高管持股。

在此基础上，分析了各影响因素与高管薪酬的可能关系，提出了相应的假设，并根据假设建立了多元线性回归基本模型，确立了较为完整的实证检验思路，为下一步区分垄断行业、非垄断行业上市公司以及全部样本上市公司3组进行实证检验奠定了基础。

第7章 我国垄断行业企业高管薪酬制度的实证检验

7.1 描述性统计

7.1.1 高管薪酬的年度描述性统计

1. 前3名高管薪酬总额均值的年度描述性统计

表7-1列示了前3名高管薪酬总额均值的年度描述性统计。可以看出，2003—2015年间，垄断行业企业高管薪酬均值分别为163555.60元、200335.97元、203947.89元、234335.56元、328516.36元、349587.39元、407782.03元、452880.44元、497187.86元、528765.30元、534104.28元、566193.79元、573919.76元。如图7-1所示，垄断行业企业高管薪酬均值呈逐年增长态势，平均年增长率为11.50%。与此相比，非垄断行业企业高管薪酬均值分别为169214.74元、206020.08元、213145.71元、248210.28元、328211.42元、368634.64元、398974.93元、460608.77元、517809.73元、547397.18元、594073.83元、637707.30元、693840.13元，也呈逐年增长态势，且平均年增长率为12.74%，略高于垄断行业企业。进一步分析数据可知，非垄断行业企业高管薪酬均值及平均年增长率均略高于垄断行业企业的原因是高管薪酬最大值的贡献，而高管薪酬最小值显示，非垄断行业企业的数据远低于垄断行业企业。也就是说，垄断行业企业高管薪酬普遍较高且较稳定。

表7-1 前3名高管薪酬总额均值的年度描述性统计

年度	组别	样本量	最小值	最大值	均值	标准差	中位数	均值增长率（％）
2003	垄断	105	12547.76	916666.67	1633555.60	140418.40	118366.67	
	非垄断	900	5000.00	1706666.67	169214.74	164542.18	123883.33	
2004	垄断	114	15333.33	866666.67	200335.97	145245.66	155966.67	22.49
	非垄断	1010	10266.67	3210000.00	206020.08	210960.41	152207.00	21.75
2005	垄断	120	19066.67	842000.00	203947.89	138888.11	168683.95	1.80
	非垄断	1010	8966.67	2726666.67	213145.71	204778.04	159533.33	3.46
2006	垄断	125	35921.33	737666.67	234335.56	145924.08	216666.67	14.90
	非垄断	1055	6000.00	3016200.00	248210.28	232868.76	186841.82	16.45
2007	垄断	129	25000.00	3003333.33	328516.36	317647.52	271333.33	40.19
	非垄断	1157	20333.33	5240300.00	328211.42	376106.45	226666.67	32.23
2008	垄断	129	50400.00	1017566.67	349587.39	222182.34	300000.00	6.41
	非垄断	1216	19174.00	5053333.33	368634.64	383703.99	265425.94	12.32
2009	垄断	134	40000.00	1327533.33	407782.03	250757.06	337350.00	16.65
	非垄断	1364	8066.67	4002333.33	398974.93	367381.55	297250.00	8.23
2010	垄断	140	50000.00	1420800.00	452880.44	282619.72	382066.67	11.06
	非垄断	1687	10733.33	5066666.67	460608.77	425811.59	345833.33	15.45
2011	垄断	146	50000.00	1469700.00	497187.86	279254.81	422000.00	9.78
	非垄断	1953	9990.00	5643333.33	517809.73	479003.58	396766.67	12.42
2012	垄断	154	40566.67	1843800.00	528765.30	280672.80	462700.00	6.35
	非垄断	2109	25033.33	10226666.67	547397.18	532874.87	420958.21	5.71
2013	垄断	157	64133.33	1558333.33	534104.28	281556.68	461833.33	1.01
	非垄断	2140	32233.33	9513266.67	594073.83	584305.28	446566.67	8.53
2014	垄断	161	66666.67	1756541.33	566193.79	315282.75	489933.33	6.01
	非垄断	2251	36100.00	9045666.67	637707.30	610966.65	476266.67	7.34
2015	垄断	163	59000.00	2383000.00	573919.76	309133.35	501600.00	1.36
	非垄断	2450	45500.00	11453946.67	693840.13	718986.66	513166.67	8.80

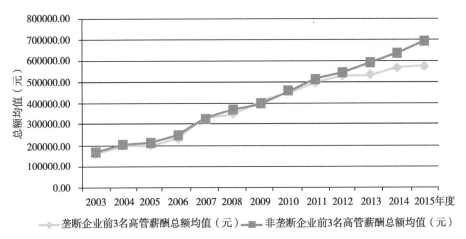

图7-1 垄断行业组和非垄断行业组的前3名高管薪酬总额均值变动趋势

2.全部董事、监事、高管薪酬均值的年度描述性统计

表7-2描述了包括董事、监事和高管在内的全部高管薪酬均值（以下简称全部高管薪酬均值）的年度描述性统计。如图7-2所示，与前3名高管薪酬均值标的趋势不同，2003—2015年，除个别年份外，垄断行业组的全部高管薪酬均值均低于非垄断行业组。垄断行业组的全部高管薪酬均值平均年增长率为11.80%，非垄断行业组的全部高管薪酬均值平均年增长率为12.01%，两样本组的增长幅度基本一致。说明不同级别的高管薪酬在垄断行业和非垄断行业中表现有所差异，垄断行业企业内享有高薪酬的高管人员更多的集中于前3名高管。

表7-2 全部董事、监事、高管薪酬均值的年度描述性统计

年度	组别	样本量	最小值	最大值	均值	标准差	中位数	均值增长率（%）
2003	垄断	104	9295.24	285342.86	60526.38	47603.68	46531.70	
	非垄断	876	2887.27	1008235.29	67392.62	64699.48	50249.06	
2004	垄断	113	6472.04	275000.00	75511.99	51639.38	63151.85	24.76
	非垄断	1001	5275.50	1195053.25	80931.27	78817.06	59588.24	20.09

续表

年度	组别	样本量	最小值	最大值	均值	标准差	中位数	均值增长率（%）
2005	垄断	120	8272.73	274920.00	72623.20	49425.54	61873.91	-3.83
	非垄断	1010	2100.00	951652.17	81270.84	76566.67	61882.21	0.42
2006	垄断	125	10335.00	249386.36	84066.71	51800.65	77824.11	15.76
	非垄断	1054	2364.71	753763.16	93752.40	81184.75	71363.16	15.36
2007	垄断	129	5950.00	1134500.00	116787.12	117008.47	89766.67	38.92
	非垄断	1157	7666.67	2060869.57	125070.34	135953.97	88681.82	33.40
2008	垄断	129	15529.41	448888.89	124475.96	83593.91	101442.11	6.58
	非垄断	1216	6498.22	1751260.87	141653.63	139424.19	104759.44	13.26
2009	垄断	134	17062.50	1221666.67	156932.94	134727.89	125992.65	26.07
	非垄断	1364	1921.05	1888291.67	156230.89	144637.65	118262.50	10.29
2010	垄断	140	15176.47	581000.00	167678.04	103016.46	141251.04	6.85
	非垄断	1687	8509.09	2209583.33	180431.76	162652.35	136025.00	15.49
2011	垄断	146	16125.00	3438857.14	215695.83	290764.96	166592.11	28.64
	非垄断	1953	7885.26	2595200.00	205228.56	185394.03	157593.75	13.74
2012	垄断	154	7158.82	608088.24	214409.47	118387.94	185976.33	-0.60
	非垄断	2109	8028.57	4420416.67	221066.06	203563.55	171363.64	7.72
2013	垄断	157	18823.53	741065.22	219679.46	129992.69	184240.00	2.46
	非垄断	2140	10794.74	2767500.00	240422.82	208983.33	187069.44	8.76
2014	垄断	161	28642.86	706892.00	228820.98	133515.95	193316.67	4.16
	非垄断	2251	10800.00	3445400.00	260283.24	223006.05	202478.95	8.26
2015	垄断	163	26714.29	763600.00	237074.68	131619.53	213482.61	3.61
	非垄断	2450	21454.55	3349352.94	284655.84	256557.69	216652.78	9.36

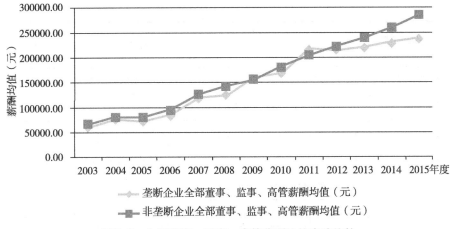

图7-2 全部董事、监事、高管薪酬均值变动趋势

3.在职消费的年度描述性统计

需要特别指出的是，表7-3列示了在职消费的年度描述性统计。2003—2015年，垄断行业组和非垄断行业组样本的在职消费差距巨大。垄断行业组的在职消费均值分别是非垄断行业组的1.22倍、3.03倍、3.59倍、4.44倍、6.73倍、6.36倍、6.18倍、6.38倍、6.24倍、5.92倍、5.62倍、4.93倍和4.45倍。如图7-3所示，可以清晰地看到，在职消费年平均年增长率的差异更是惊人。垄断行业组在职消费年均增长率为29.12%，而非垄断行业组在职消费年均增长率仅为11.07%。所不同的是，2010年后，由于"限薪令"政策的作用，垄断行业组在职消费增长率有所下降，但总额仍然居高不下。

表7-3 在职消费的年度描述性统计

年度	组别	样本量	最小值	最大值	均值	标准差	中值	均值增长（%）
2003	垄断	104	1763566.53	1190800776.00	118625140.79	211512371.73	55192995.21	–
	非垄断	871	1653442.98	2560840092.71	97220829.62	157714487.77	55389381.51	–
2004	垄断	113	2505858.13	23161222766.00	339940708.67	2178330048.80	68268315.77	186.57
	非垄断	997	615066.87	4017778762.83	112023495.22	239958645.71	59301945.38	15.23

续表

年度	组别	样本量	最小值	最大值	均值	标准差	中值	均值增长（%）
2005	垄断	120	7438077.47	23325493000.00	418812607.10	2206467979.05	78244129.84	23.20
	非垄断	1007	2017767.09	3615916862.00	116465434.61	199981873.25	66215246.91	3.97
2006	垄断	125	8812984.79	33486178328.00	541813766.87	3037758561.04	82327200.00	29.37
	非垄断	1054	2830174.83	5360512477.32	121958998.95	246481841.24	63344086.38	4.72
2007	垄断	129	4613963.89	49316180000.00	1008043004.03	5379594137.08	93378039.95	86.05
	非垄断	1155	885858.86	7655008800.00	149563445.16	414647332.06	62093800.26	22.63
2008	垄断	129	6629036.62	53202938000.00	1194080833.75	5991746178.96	100818946.55	18.46
	非垄断	1216	1690334.76	9184815100.00	187786952.49	538260233.21	73180038.13	25.56
2009	垄断	134	5076754.44	57205037000.00	1290967145.31	6474973240.65	114935583.57	8.11
	非垄断	1364	1266486.00	13399574200.00	208785164.12	659246285.79	74476310.06	11.18
2010	垄断	140	6985558.60	63405307000.00	1468751107.68	7357753191.67	112241301.04	13.77
	非垄断	1687	886779.64	19148277737.00	230065977.12	831619494.04	75678868.14	10.19
2011	垄断	146	4992804.60	77003640000.00	1642369976.25	8367179309.78	123869287.69	11.82
	非垄断	1953	890099.16	19842673288.00	263212478.08	973253146.02	85144782.73	14.41
2012	垄断	154	7183781.19	83915325000.00	1695274113.17	8754517495.78	132165334.64	3.22
	非垄断	2109	1072460.56	20909617300.00	286364307.16	1030857140.13	94446043.75	8.80
2013	垄断	157	5869220.06	90550088000.00	1798391591.98	9477289817.68	144801663.99	6.08
	非垄断	2140	1334103.52	22709341532.00	320197536.26	1098339969.34	108463011.16	11.81
2014	垄断	161	5824019.88	84582180000.00	1717401110.23	8854403349.84	149717436.11	-4.50
	非垄断	2251	1280823.85	25821420000.00	348686280.26	1187736088.23	119983591.76	8.90
2015	垄断	163	7957756.34	79647528000.00	1655547102.77	8587659058.29	168637551.59	-3.60
	非垄断	2450	2661699.27	26609886000.00	371681253.15	1319181884.38	131061924.47	6.59

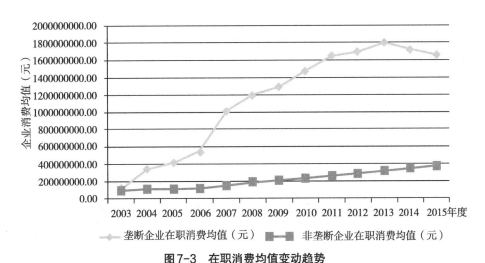

图7-3 在职消费均值变动趋势

4. 垄断租金薪酬的年度描述性统计

如表7-4所示,垄断行业企业中确实存在由行业垄断优势引致的垄断租金薪酬,且均值年增长率在2005年、2008年、2010年、2013年和2015年都出现异常增长态势。可见,垄断租金薪酬是影响垄断行业企业高管薪酬总额的不容小觑的组成部分。

表7-4 垄断组金薪酬的年度描述性统计

年度	样本量	最小值	最大值	均值	标准差	中位数	均值增长率（%）
2003	105	−3112322.48	446162.27	−158668.29	451772.64	−26786.94	−
2004	114	−3989841.76	2527317.55	−150045.21	552270.96	−43334.82	−5.43
2005	120	−57966350.44	2151194.46	−942241.86	6025730.86	−26079.17	527.97
2006	125	−9012391.77	14104229.47	−71239.08	1635051.83	−7798.90	−92.44
2007	129	−3634574.76	17128234.98	−61117.70	1635931.86	−15717.60	−14.21
2008	129	−16615980.21	3733332.45	−332483.26	1833739.93	−9698.64	444.00
2009	134	−6561974.71	4365430.92	−133599.89	848271.38	−25041.89	−59.82
2010	140	−19595455.01	1042843.47	−319909.87	1909255.00	−13262.06	139.45

续表

年度	样本量	最小值	最大值	均值	标准差	中位数	均值增长率（%）
2011	146	−9544685.52	1877855.93	−419895.81	1661953.87	−27638.91	31.25
2012	154	−20721870.11	1830262.79	−408738.47	2208372.07	−40735.94	−2.66
2013	157	−36800004.41	2813114.57	−1058528.77	4263265.75	−90064.47	158.97
2014	161	−30841784.62	27874028.78	−200945.42	4075200.79	−79147.98	−81.02
2015	163	−53468007.55	19162076.65	−537669.40	4995979.77	−28891.43	167.57

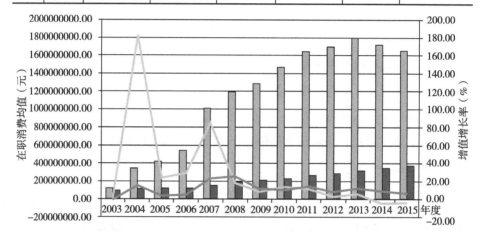

图7-4　垄断行业企业在职消费均值与增长率变动趋势

7.1.2　主要变量的描述性统计

1.高管薪酬

第一，高管薪酬水平。由表7-5可知，3类样本中，垄断行业组前3名高管薪酬的最小值的对数高于非垄断行业组10.80%，最大值的对数低于非垄断行业组8.18%，均值的对数略低于非垄断行业组0.40%。说明垄断行业企业间高管薪酬的变化幅度小于非垄断行业企业。

表7-5 研究变量的描述性统计

变量名称	符号	样本数	最小值	最大值	均值	标准差	中位数	变异系数
高管薪酬水平	Lnpay	22079	8.52	16.25	12.6926	0.8612	12.74	0.07
		1777	9.44	14.92	12.6436	0.7981	12.76	0.06
		20302	8.52	16.25	12.6969	0.8664	12.74	0.07
高管薪酬差异	Lndif-pay	22043	7.56	15.30	11.7898	0.8473	11.84	0.07
		1775	8.69	15.05	11.6769	0.8269	11.76	0.07
		20268	7.56	15.30	11.7997	0.8484	11.85	0.07
高管持股数量	Num-share	22079	0.00	2.11×10^{-9}	2.85×10^{-7}	8.87×10^{-7}	53599.00	3.11
		1777	0.00	2.09×10^{-8}	1.88×10^{-6}	1.18×10^{-7}	5700.00	6.31
		20268	0.00	2.11×10^{-9}	3.08×10^{-6}	9.21×10^{-7}	70303.50	2.99
高管持股比例	Stake	22079	0.00	0.93	0.0911	0.1837	0.00	2.02
		1777	0.00	0.67	0.0070	0.0525	0.00	7.48
		20302	0.00	0.93	0.0984	0.1891	0.00	1.92
在职消费	Lnperk	22029	13.33	25.23	18.4223	1.2110	18.30	0.07
		1775	14.38	25.23	18.7862	1.5975	18.50	0.09
		20254	13.33	24.00	18.3905	1.1658	18.28	0.06
垄断租金薪酬	Lnmon-pay	772	7.09	17.14	11.5016	1.4321	11.53	0.12
净资产收益率	ROE	22077	−53.96	135.33	0.0419	1.2669	0.07	30.21
		1777	−8.45	4.25	0.0451	0.3619	0.07	8.03
		20300	−53.96	135.33	0.0417	1.3168	0.07	31.61
总资产收益率	ROA	22079	−0.81	2.93	0.0415	0.0726	0.04	1.75
		1777	−0.64	1.85	0.0371	0.0750	0.03	2.02
		20302	−0.81	2.93	0.0419	0.0724	0.04	1.73

变量名称	符号	样本数	最小值	最大值	均值	标准差	中位数	变异系数
总资产同转率	Turnover	22079	0.00	0.00	12.3729	0.7248	0.61	0.06
		1777	0.00	5.30	0.5467	0.4814	0.43	0.88
		20302	0.00	12.37	0.7404	0.6215	0.60	0.84
资产保值增值率	Appreciation	22079	0.00	12.37	0.7248	0.6137	0.59	0.85
		1777	−24.23	18.63	1.2223	1.2818	1.07	1.05
		20302	−19.97	26.86	1.3326	1.1433	1.07	0.86
企业规模	Size	22079	15.15	29.14	21.7115	1.2940	21.54	0.06
		1777	18.36	29.14	22.5549	1.6537	22.36	0.07
		20302	15.15	27.99	21.6377	1.2304	21.49	0.06
股权集中度	TOP1	22079	0.00	0.94	0.3714	0.1562	0.35	0.42
		1777	0.00	0.90	0.4327	0.1735	0.44	0.40
		20302	0.03	0.94	0.3661	0.1534	0.35	0.42
股权性质	Controller	22079	0.00	1.00	0.5523	0.4973	1.00	0.90
		1777	0.00	1.00	0.1902	0.3926	0.00	2.06
		20302	0.00	1.00	0.5840	0.4929	1.00	0.84
管理层权力	Power	22079	−3.24	3.11	0.0000	0.8250	−0.11	5.90E+07
		1777	−3.24	1.76	0.9967	0.8183	−0.05	−0.82
		20302	−2.88	3.11	0.0872	0.7662	−0.06	8.78
高管年龄	Age	22079	2.38	61.36	47.7937	3.5058	47.90	0.07
		1777	6.44	60.86	49.0618	3.6028	49.17	0.07
		20302	2.38	61.36	47.6827	3.4753	47.80	0.07
现金流量	Cash	22079	2.38	61.36	47.7937	3.5058	47.90	0.07
		1777	−0.51	35.13	0.1159	0.8399	0.08	7.25
		20302	−8.57	8.50	0.0515	0.1954	0.05	3.79
财务杠杆	DFL	22079	0.01	1.00	0.4516	0.2120	0.46	0.47
		1777	0.01	0.98	0.5241	0.1961	0.54	0.37
		20302	0.01	1.00	0.4453	0.2122	0.45	0.48

续表

变量名称	符号	样本数	最小值	最大值	均值	标准差	中位数	变异系数
地区因素	Region	22079	0.00	1.00	0.6563	0.4750	1.00	0.72
		1777	0.00	1.00	0.5132	0.5000	1.00	0.97
		20302	0.00	1.00	0.6688	0.4707	1.00	0.70
行业职工平均工资	Wage	22079	4762.00	183365.00	41658.7399	23578.5843	38725.00	0.57
		1777	8264.00	183365.00	50252.9100	26512.5812	46087.00	0.53
		20302	4762.00	183365.00	40906.5066	23153.5915	37930.00	0.57
监事会规模	Supervis-ors	22079	1.00	14.00	3.8081	1.2590	3	0.33
		1777	2.00	13.00	4.5757	1.6052	5	0.35
		20302	1.00	14.00	3.7409	1.2009	3	0.32
审计委员会	Audit	22079	0.00	1.00	0.3641	0.4812	0	1.32
		1777	0.00	1.00	0.3686	0.4826	0	1.31
		120302	0.00	1.00	0.3637	0.4811	0	1.32
是否两职兼任	Two-jobs	22079	0.00	1.00	0.3641	0.4812	0	1.32
		1777	0.00	1.00	0.0844	0.2781	0	3.29
		20302	0.00	1.00	0.2152	0.4110	0	1.91
高管是否持股	Share	22079	0.00	1.00	0.7081	0.4546	1	0.64
		1777	0.00	1.00	0.0844	0.2781	0	3.29
		20302	0.00	1.00	0.7195	0.4493	1	0.62

注：表中每一指标的第一行数据是全部样本的描述性统计结果，第二行是垄断行业组的描述性统计结果，第三行是非垄断行业组的描述性统计结果。其中垄断租金薪酬变量只计算了垄断行业的统计结果。

值得注意的是，从样本来看，非垄断行业企业样本组高管薪酬水平的最大值集中在上海新朋实业股份有限公司、中国国际海运集装箱（集团）股份有限公司（金属制品业）和新疆金风科技股份有限公司（电器机械及器材制造业）等一些公司，这些公司的共同特点是，企业绩效和企业规模均远远高于行业均值，如新疆金风科技股份有限公司在2010年的净资产收益率和企业规模（公司平均资产总额的自然对数）分别为0.43129和23.79，对应的行业均值为0.0774和21.3059。另外，在高管薪酬水平的统计量中，有趣的是垄断行业企业高管薪酬水平的标准差是3类样本中最小的，这表明垄断行业企业高管有着高且稳定的薪酬。

第二，高管薪酬差异。垄断行业组的全体领薪的董事、监事、高管平均薪酬的对数的最小值、最大值和均值相比于非垄断行业组的表现，类似于高管薪酬水平的分析。此处不再赘述。

第三，高管持股总数和高管持股比例。[1]无论是最小值、最大值、均值还是中位数，垄断行业组均不高于非垄断行业组，这表明垄断行业组的股权激励弱于非垄断行业组。

第四，在职消费。垄断行业组和非垄断行业组在职消费的差异非常明显。垄断行业组在职消费的最小值、最大值、均值、中位数分别为176万元、906亿元、1.44亿元和1.08亿元，而非垄断行业组相应的数值为615383元、26.5万元、9700万元和8680万元。垄断行业组在职消费的最小值、最大值、均值、中位数分别是非垄断行业组的2.86倍、3.42倍、1.49倍和1.24倍。其中，最大值差距尤甚，垄断行业组是非垄断行业组的3倍多。并且，令人惊异的是，垄断行业组高管薪酬远远低于在职消费，高管在职消费均值大约超过高管薪酬均值的93倍之多。[2]

第五，垄断租金薪酬。根据前边对垄断租金薪酬的界定，垄断租金薪酬本质是垄断行业企业高管人员凭借垄断优势而享有的超过其努力水平产生的企业绩效而带来的收益。因此，此处只计算垄断行业组的垄断租金薪酬。从表7-5可以看出，垄断租金薪酬的均值、中位数和最大值都很高。说明垄断行业普遍存在着较高的垄断租金薪酬。

2.企业绩效

本书分别选取了代表企业业绩和企业效率的指标。前者有净资产收益率和

[1] 在第5章中讲到，垄断行业组样本中有一半以上的公司没有对高管采取股权激励，因此高管薪酬变量未考虑高管持股，但为了充分说明问题，描述性统计中仍分析了高管持股总数和高管持股比例。

[2] 计算依据是：垄断行业组在职消费均值为1.44E8元，前3名高管薪酬对数的均值为12.6436，即前3名高管薪酬均值大约为309775元，假设有15名高管领薪，则人均在职消费是高管薪酬均值的93倍之多。虽然此法计算略为粗略，但仍能够说明垄断行业企业在职消费等恶意挥霍问题远比货币薪酬问题严重。

总资产收益率，后者包括总资产周转率和资产保值增值率。

首先，在企业业绩方面，各财务指标的表现不同。总的来讲，垄断行业组的净资产收益率和总资产收益率指标值的波动幅度均小于非垄断行业组。垄断行业企业净资产收益率的均值高出非垄断行业企业约8.15%。然而，总资产收益率的均值和中位数分别低于非垄断行业企业约11.46%和25%。可能的原因是，为了满足证监会对上市公司申请再融资（增发、发行可转债）的要求，即要求过去3年加权平均净资产收益率不得低于6%，垄断行业企业在企业营业收入净利率、总资产周转率难以大幅度提升的情况下，为保持股票公开增发的资格只能采取高负债激进的财务政策，以财务杠杆拉动净资产收益率指标。当然，这得益于垄断行业企业具有规模优势、盈利能力强，能够有效地降低融资成本，进而提高企业的举债能力。另外，垄断行业企业净资产收益率的标准差和变异系数均小于非垄断行业企业，这表明垄断企业的净资产收益率普遍较高且稳定。

其次，在企业效率方面，垄断行业企业的效率是3类样本中最低的。垄断行业企业总资产周转率的最大值、均值和中位数分别低出非垄断行业企业约42.84%、23.74%和39.53%；资产保值增值率的最小值、最大值、均值分别低出非垄断行业企业约21.33%、37.43%和8.30%，并且垄断行业企业效率的标准差均小于非垄断行业企业。这表明垄断行业组的效率稳定弱于非垄断行业组。

3.企业规模

以公司平均资产总额的自然对数为企业规模变量，通过观察发现，垄断行业组和非垄断行业组的最小值、最大值、均值和中位数依次为为18.36和15.15；29.14和27.99；22.5549和21.6377；22.36和21.49。可见，垄断行业组的规模稳定大于非垄断行业组。

4.股权集中度

从股权集中度统计结果看，垄断行业组的均值和中位数均高于非垄断行业组，只有最大值低于非垄断行业组。可见，垄断行业企业第一大股东持股比例普遍高于非垄断行业企业。

5.管理层权力

垄断行业企业高管权力的均值和中位数均大于非垄断行业企业，且垄断行业组的管理层权力的标准差是3类样本中最小的，表明垄断行业企业高管有着高且稳定的管理层权力。

6.公司所处地区行业职工平均工资

3类样本的高管薪酬均值和公司所处地区该行业的职工平均工资水平的均值之间的大体比例在7∶1。其中，垄断行业企业高管薪酬均值是地区行业职工平均工资的6.16倍，非垄断行业企业高管薪酬均值是地区行业职工平均工资的7.99倍，全样本公司高管薪酬均值是地区行业职工平均工资的7.81倍。表明高管薪酬与地区行业职工平均工资之间存在一定关系，而且在垄断行业企业高管薪酬均值与非垄断行业基本持平时，高管薪酬均值与地区行业职工平均工资的差距却远低于非垄断行业企业。可能的原因是，根据租金分享假说，垄断行业企业中普通职工也存在垄断租金分享的动机和机会，其收入水平远远高于非垄断行业企业中的普通职工。

7.两职兼任和高管持股

垄断行业样本组中大约有45%的高管持有本公司股票，而非垄断行业样本组中大约有58%的高管持有本公司股票。垄断行业组大约有88%的董事长兼任总经理，非垄断行业组大约有83%的董事长兼任总经理。可见，3类样本中两职兼任情况都比较普遍，但持股高管人员数量偏低。

7.2 实证分析

7.2.1 单变量分析

表7-6中列示了采取不同的高管薪酬定义的高管薪酬单变量统计检验结

果。从检验结果来看，非垄断行业组的前3名高管薪酬总额均值和全部董事、监事高管薪酬均值分别是垄断行业组的1.12倍和1.16倍，但垄断行业组的在职消费是非垄断行业组的2.03倍。可见，如果考虑在职消费等"灰色"收入，垄断行业企业的高管薪酬显著高于非垄断行业企业。表明垄断行业企业高管普遍享有较高且稳定的总的高管薪酬水平。

表7-6　垄断行业组和非垄断行业组高管薪酬变动的单变量分析

变量名称	符号	样本量		均值		标准差		t值
		垄断行业	非垄断行业	垄断行业	非垄断行业	垄断行业	非垄断行业	
前三名高管薪酬总额均值	Lnpay	1777	20302	406022.94	457004.10	288977.31	414086.82	-6.847***
全部董事、监事高管薪酬均值	Lndif-pay	1775	20268	158483.62	183874.29	122151.00	160404.05	-8.163***
在职消费	LnPerk	1775	20254	431233724.93	212382215.23	809387161.57	434222264.22	11.251***

注：均值检验采用双样本t检验。列示的是基于Equal variances assumed（单尾检验）或Equal variances not assumed（双尾检验）的t统计值。平排分别表示0.01、0.05和0.10统计水平显著。

7.2.2　基本模型的回归分析

1.基本模型变量的相关性分析

表7-7给出了计量模型（6-1）中各主要自变量之间的相关性矩阵。从表7-7可以看出，所有变量间的相关系数均低于0.800。但净资产收益率和总资产收益率之间的相关系数为0.812，超过0.800，二者有较强的相关性，此外，其他变量之间不存在严重的多重共线性问题。

表7-7 各主要变量的Pearson矩阵

自变量	ROE	ROA	Turnover	Appreciation	Size	TOP1	Controller	Power	Age
ROE	1.000	0.812***	0.180***	0.207***	0.111***	0.097***	0.012*	0.019***	0.023***
ROA	0.812***	1.000	0.171***	0.342***	−0.033***	0.098***	0.087***	0.085***	−0.028***
Turnover	0.180***	0.171***	1.000	0.045***	0.067***	0.085***	−0.083***	−0.008	0.040***
Appreciation	0.207***	0.342***	0.045***	1.000	−0.124***	0.018***	0.132***	0.125***	−0.116***
Size	0.111***	−0.033***	0.067***	−0.124***	1.000	0.203***	−0.302***	−0.190***	0.406***
Top1	0.097***	0.098***	0.085***	0.018***	0.203***	1.000	−0.250***	−0.210***	0.095***
Controller	0.012*	0.087***	−0.083***	0.132***	−0.302***	−0.250***	1.000	0.361***	−0.266***
Power	0.019***	0.085***	−0.008	0.125***	−0.190***	−0.210***	0.361***	1.000	−0.144***
Age	0.023***	−0.028***	0.040***	−0.116***	0.406***	0.095***	−0.266***	−0.144***	1.000
Cash	0.248***	0.363***	0.119***	0.110	0.035***	0.081***	−0.049***	−0.046***	0.032***
DFL	−0.186***	−0.388***	0.140***	−0.223***	0.387***	0.028***	−0.243***	−0.226***	0.077***
Region	0.069***	0.088***	0.047***	0.043***	0.039***	0.028***	0.121***	0.133***	0.018***
Wage	0.059***	0.068***	−0.080***	0.035***	0.208***	−0.050***	0.096***	0.135***	0.215***
Supervisors	0.000	−0.045***	0.061***	−0.081***	0.209***	0.082***	−0.338***	−0.286***	0.094***
Audit	−0.004	−0.008	0.001	−0.025***	0.056***	−0.035***	0.006	0.007	0.037***
Two-jobs	0.022***	0.076***	−0.035***	0.113***	−0.139***	−0.065***	0.257***	0.695***	−0.107***
Share	0.037***	0.063***	0.006	0.043***	0.022***	−0.194***	0.181***	0.121***	−0.008

	Cash	DFL	Region	Wage	Supervisors	Audit	Two-jobs	Share
ROE	0.248***	−0.186***	0.069***	0.059***	0.000	−0.004	0.022***	0.037***
ROA	0.363***	−0.388***	0.088***	0.068***	−0.045***	−0.008	0.076***	0.063***
Turnover	0.119***	0.140***	0.047***	−0.080***	0.061***	0.001	−0.035***	0.006
Appreciation	0.110***	−0.223***	0.043***	0.035***	−0.081***	−0.025***	0.113***	0.043***
Size	0.035***	0.387***	0.039***	0.208***	0.209***	0.056***	−0.139***	0.022***
Top1	0.081***	0.028***	0.028***	−0.050***	0.082***	−0.035***	−0.065***	−0.194***
Controller	−0.049***	−0.243***	0.121***	0.096***	−0.338***	0.006	0.257***	0.181***

续表

	Cash	DFL	Region	Wage	Supervisors	Audit	Two-jobs	Share
Power	−0.046***	−0.226***	0.133***	0.135***	−0.286***	0.007	0.695***	0.121***
Age	0.032***	0.077***	0.018***	0.215***	0.094***	0.037***	−0.107***	−0.008
Cash	1.000	−0.140***	−0.013**	−0.001	0.055***	−0.028***	−0.014**	0.004
DFL	−0.140***	1.000	−0.093***	−0.135***	0.168***	0.008	−0.163***	−0.091***
Region	−0.013**	−0.093***	1.000	0.293***	−0.127***	0.003	0.086***	0.092***
Wage	−0.001	−0.135***	0.293***	1.000	−0.123***	0.110***	0.105***	0.083***
Supervisors	0.055***	0.168***	−0.127***	−0.123***	1.000	−0.022***	−0.155***	−0.062***
Audit	−0.028***	0.008	0.003	0.110***	−0.022***	1.000	0.008	0.005
Two-jobs	−0.014**	−0.163***	0.086***	0.105***	−0.155***	0.008	1.000	0.100***
Share	0.004	−0.091***	0.092***	0.083***	−0.062***	0.005	0.100***	1.000

注：*、**分别表示显著性水平为0.05和0.01（双尾检测）。因表格过大，变量采用英文表示，具体含义见表6-2。

2. 基本模型的回归分析

1）被解释变量：高管薪酬水平（前3名高管薪酬均值，Lnpay）

考虑到净资产收益率和总资产收益率的相关度较高（Pearson相关系数为0.812），因此，不能同时将两变量放入模型中。又考虑到为了满足证监会对上市公司申请再融资（增发、发行可转债）的要求，即过去3年加权平均净资产收益率不得低于6%的限定，垄断行业企业有可能在难以大幅度提高企业营业收入净利率、总资产周转率的情形下，采取财务杠杆拉动净资产收益率指标这样激进的财务政策，从而保持股票公开增发的资格，故而将企业业绩指标选取为总资产收益率（ROA）。

如表7-8所示，用全样本对模型（6-1）进行回归。方程调整后的 R^2 为44.9%，表示以高管薪酬水平为因变量的方程（6-1）的解释度良好。作为解释变量的总资产收益率、总资产周转率、资产保值增值率、公司规模、第一大股东持股比例和上市公司实际控制人、管理层权力等变量的系数与预期相符，且均通过了统计显著性检验。

本书主要研究行业垄断引致的高管薪酬变化情况，因此，这里重点比较垄断行业组和非垄断行业组回归结果的异同。解释变量总资产收益率在两组检验中的符号均与预期相符，且在1%水平上显著，说明高管薪酬与企业业绩存在正相关关系。假设H1-1得到验证。

但垄断行业组的系数3.196显著高于非垄断行业组的系数3.045，说明公司总资产收益率每变动1%，垄断行业企业高管薪酬将同向变动3.196%，而非垄断行业企业高管薪酬同向变动3.045%，非垄断行业总资产收益率对高管薪酬（前3名高管薪酬均值）的影响要比垄断行业企业高出5.0%。表明垄断行业企业高管薪酬——企业业绩的敏感度高于非垄断行业企业，且与非垄断行业相比，垄断行业企业高管短期薪酬具有较高的业绩权重。假设H1-3和假设H6-1a均得到验证。

反映企业经营效率的指标总资产周转率和资产保值增值率，在两组样本中的表现差异较大。三组样本的总资产周转率指标与高管薪酬均为正相关，与预期相符，且均通过了显著性检验。但资产保值增值率与高管薪酬均呈现负相关关系，令人意外。资产保值增值率反映了企业资本的运营效益与安全状况，是维护社会简单再生产从而进行扩大再生产的必要条件，也是企业能够持续经营和实现企业价值最大化的前提条件。但从现有的考核标准来看，无论是国资委还是证监会，注重的都是业绩指标，即总资产收益率、净资产收益率和经济增加值（Economic Value Added，EVA）等，对企业效率指标甚少关注。这也就导致了企业只重视净资产收益率等业绩指标，而忽视了资产保值增值率等效率指标的现象。表7-8中数据显示，总体上看，企业高管薪酬和企业绩效（包括总资产收益率和总资产周转率）显著正相关，但垄断行业企业高管薪酬与总资产周转率的相关度弱于非垄断行业组，与资产保值增值率则不存在正相关关系。说明垄断行业企业高管薪酬——企业效率的相关度要低于非垄断行业企业。假设H1-2得到验证。

两组样本的公司规模系数均在1%水平上显著，显然，高管薪酬与公司规模存在正相关关系，与预期相符。假设H2-1得到验证。非垄断行业组的系数0.339明显高于垄断行业组的系数0.263，说明公司规模每变动1%，垄断行业企业高管薪酬将同向变动0.263%，而非垄断行业企业高管薪酬同向变动0.339%，非垄断行业规模对高管货币薪酬的影响要比垄断行业企业高出28.90%，且均小于业绩变动所引起的高管薪酬变动量。而因此，就单个公司而言，垄断行业企业高管薪酬水平中的业绩对薪酬的影响程度要大于规模对薪酬的影响程度。假设H6-2a得到验证。

代表股权结构的两个变量股权集中度和股权性质，符号均与预期相符，表示高管薪酬与股权集中度负相关，且国有上市公司的高管薪酬水平较非国有上市公司要低。假设H3-1和假设H3-2得到验证。

从表7-8的栏目1、栏目2和栏目3可以看出，管理层权力解释变量在3类样本中都表现出和高管薪酬呈显著正相关关系，但在垄断行业企业中的表现尤甚。垄断行业企业中管理层权力对高管薪酬的敏感度高出非垄断行业企业30.76%。假设H4-1a得到验证。另外，垄断行业组管理层权力与高管薪酬的关系还需要考虑管理层权力产生的间接薪酬。关于这一点，在7.2.5小节（管理层权力与企业业绩、企业规模的交乘作用对高管薪酬的影响）中有详细论述，此处不再赘述。

在控制变量方面，全样本和非垄断行业组的高管年龄、财务杠杆、地区因素、公司所处地区该行业平均工资水平、监事会规模、高管持股的符号均与预期相符，且绝大多数都通过了显著性检验。需要指出的是，垄断行业组的现金流量变量的符号和预期不符，这说明，虽然表面上看起来，垄断行业企业高管薪酬和企业业绩显著相关，但令人质疑的有两点：一是企业业绩并非全部来自高管努力，而很可能是其他因素使然，如垄断优势；二是其业绩质量应该引起我们关注和进一步研究，在不充足的现金流量和较高的资产负债率的情况下，仍然维持较高的高管薪酬水平，不能不为人诟病。

2）被解释变量：在职消费（Lnperk）

选取在职消费为被解释变量时，3类样本对模型（6-1）回归方程的调整

后的 R^2 分别为72.1%、75.8%和72.3%，表示以高管在职消费为因变量的方程（6-1）的解释度较高。

如表7-8所示，解释变量总资产收益率与在职消费的相关关系在垄断行业组和全样本组中未通过相关性检验，但在非垄断行业组中呈显著正相关。说明垄断行业企业高管只将其货币薪酬与企业业绩挂钩，对于在职消费等隐性薪酬的获取并不取决于企业业绩的高低，而是另有决定因素，如管理层权力的影响。而非垄断行业企业高管则在注重其货币薪酬的同时，希望通过提高业绩来谋求更多的在职消费。

总资产周转率和在职消费的关系符合预期，但资产保值增值率指标表现不同。非垄断行业企业在职消费和总资产收益率以及总资产周转率显著正相关，但与资产保值增值率显著负相关，说明非垄断行业企业的在职消费总体上与企业绩效正相关，但是过度的在职消费会对企业的资产保值增值率产生消极影响。但垄断行业企业的在职消费仅与总资产周转率显著正相关，与总资产收益率和资产保值增值率关系均未通过显著性检验，这意味着垄断行业企业在职消费——企业效率的相关度要低于非垄断行业企业。假设H1-2再次得到验证。

两组样本的公司规模系数均在1%水平上显著，与预期相符。公司规模每变动1%，垄断行业企业高管薪酬将同向变动0.712%，而非垄断行业企业高管薪酬同向变动0.731%。并且规模对在职消费的影响要远大于对高管货币薪酬的影响。即垄断行业企业规模对在职消费的敏感度是对高管货币薪酬敏感度的2.71倍，非垄断行业企业规模对在职消费的敏感度是对高管货币薪酬敏感度的2.16倍。说明，垄断行业企业规模对在职消费的影响程度高于非垄断行业企业。因此，与非垄断行业企业相比，垄断行业企业高管在职消费具有较高的规模权重。但就单个公司而言，垄断行业企业高管在职消费中的业绩对薪酬的影响程度要小于规模对薪酬的影响程度。假设H6-1b和假设H6-2b得到验证。

值得注意的是，如表7-8中栏目4、栏目5和栏目6所示，垄断行业组和全样本组的高管在职消费均与管理层权力呈正相关，且均通过了1%水平的统计显著性检验。公司管理层权力每变动1%时，垄断行业企业高管在职消费将同向变动0.294%。然而非垄断行业企业高管在职消费与管理层权力呈显著负相关，即公司管理层权力每变动1%时，非垄断行业企业高管在职消费将反向变动0.022%。这表明，在垄断行业企业内，管理层权力确实加剧了高管人员对于在职消费的谋求，但在非垄断行业企业内，管理层权力反而抑制了高管人员对于不合理的在职消费的索取。非垄断行业企业的管理层权力与在职消费的负相关关系是符合现代企业制度的，管理层应该利用自身地位和权力优势适度控制企业在职消费，进而实现企业价值增值的长远发展目标。显然，垄断行业管理层权力对高管权力薪酬——在职消费的影响要甚于非垄断行业企业。假设H4-1b得到验证。

总体来看，管理层权力越高的高管人员其薪酬水平也越高，即管理层权力正面影响着高管薪酬。但是，分组检验发现，这种关系在垄断行业内表现得更为突出。管理层利用其权力影响获取货币薪酬在3类样本企业中都存在，但对隐性薪酬——在职消费的影响只在全样本组和垄断行业组呈显著正相关，且对垄断行业企业高管在职消费的影响要甚于非垄断行业企业。垄断行业企业由于薪酬管制和高管薪酬的社会"愤怒成本"较高，高管利用权力影响获取隐性收益时更加隐蔽，更偏好于在职消费等隐性薪酬。而非垄断行业企业在沉重的经营绩效压力下引发的管理层道德风险更加严重，更偏好于货币薪酬等显性薪酬。

3）被解释变量：高管薪酬差异（全部高管薪酬均值，Lndif-pay）

当以全部高管薪酬均值作为被解释变量时，3类样本组的解释变量中的总资产收益率、总资产周转率、公司规模、第一大股东持股比例和上市公司实际控制人符号和预期相符，且大多数通过了显著性检验，说明不同级别的公司高管人员的薪酬水平仍然主要依据公司业绩来制定。与前述类似，垄断行业组的业绩薪酬权重仍然高于非垄断行业组的业绩薪酬权重。再次证明假设H1-1、假设H1-2、假设H1-3和假设H2-1成立。

需要特别指出的是，在现代企业制度下，资本保全理念不仅有利于提高企业重置和更新实物资产的能力，进而维持企业的生产能力和经营规模；也是企业正确核算损益、避免虚盈实亏、合理分配利润的依据；更是增加资产积累、保障所有制权益、明确企业经营者责任的重要保证。但遗憾的是，根据样本组的回归结果来看，我国有企业在制定高管薪酬水平时未能充分考虑到资产保值增值率等效率指标。

4）被解释变量：垄断租金薪酬（Lnmon-pay）

如表7-8栏目10所示，垄断租金薪酬与企业业绩、企业规模、管理层权力、第一大股东持股比例和公司所处地区行业职工平均工资水平均存在显著的相关关系。表明垄断行业企业高管垄断租金薪酬主要来源于企业垄断利润的多少以及管理层权力的大小，而获取垄断利润最直接的关系变量是企业业绩和企业规模。再次验证假设H1-1、假设H2-1、假设H4-1a和假设H4-1b成立。

7.2.3 管理层权力对垄断行业企业高管隐性薪酬获取的影响

构建模型（7-1），进一步检验我国垄断行业企业高管权力对薪酬绩效制度的影响和作用。

$$(Y_{it})_j = \beta_0 + \beta_1 Power + \beta_2 Lnpay_{it} + \beta_3 ROA_{it} + \beta_4 Turnover_{it} +$$
$$\beta_5 Apprecition_{it} + \beta_6 Size_{it} + \beta_7 TOP1_{it} + \beta_8 Controller_{it} + \beta_9 Cash_{it} \quad (7-1)$$
$$+ \beta_{10} DFL_{it} + \beta_{11} Wage_{it} + \beta_{12} Two\text{-}jobs_{it} + \varepsilon_{it}$$

式中，$(Y_{it})_j$ 表示被解释变量，下标 it 表示第 t 期的 i 家公司。$j=a,b$。当 $j=a$ 时，被解释变量为在职消费（Lnperk）；当 $j=b$ 时，被解释变量为垄断租金薪酬（Lnmon-pay）。ε_{it} 为不可观测的随机误差。

由检验结果表7-9可见，在全样本和垄断行业组样本中，管理层权力和高管在职消费存在正向关系，均通过了1%的显著性统计检验，且垄断行业企业高管在职消费与管理层权力的敏感度更高，说明管理层利用其权力影响获取权力收益很受垄断行业企业高管青睐。同时，非垄断行业企业高管权力对于在职消费隐性薪酬具有抑制作用。假设H4-1b再次被验证。

表7-8　全样本、垄断行业企业和非垄断行业企业的回归估计结果

自变量		预期符号	前3名高管薪酬均值（Lnpay）			在职消费（Lnperk）			全部高管薪酬均值（Lndif-pay）			垄断租金薪酬（Lnmon-pay）
			全样本 栏目1	垄断企业 栏目2	非垄断企业 栏目3	全样本 栏目4	垄断企业 栏目5	非垄断企业 栏目6	全样本 栏目7	垄断企业 栏目8	非垄断企业 栏目9	垄断企业 栏目10
解释变量	总资产收益率	+	3.004*** (32.933)	3.196*** (6.986)	3.045*** (32.097)	0.138 (1.530)	-0.173 (-0.413)	0.170* (1.871)	2.880*** (32.994)	1.995*** (6.037)	2.926*** (32.462)	3.516*** (4.056)
	总资产周转率	+	0.148*** (16.848)	0.131*** (4.090)	0.133*** (14.423)	0.440*** (50.581)	0.633*** (14.899)	0.402*** (45.728)	0.131*** (15.541)	0.159*** (4.733)	0.114*** (12.994)	0.351*** (3.109)
	资产保值增值率	+	-0.019*** (-3.191)	-0.040* (-1.791)	-0.017*** (-2.721)	-0.044*** (-7.567)	-0.026 (-0.897)	-0.042*** (-7.123)	-0.021*** (-3.709)	-0.024 (-1.038)	-0.020*** (-3.370)	-0.047 (-0.629)
	企业规模	+	0.323*** (74.890)	0.263*** (20.071)	0.339*** (73.745)	0.728*** (170.360)	0.712*** (40.768)	0.731*** (166.544)	0.335*** (81.035)	0.271*** (19.658)	0.351*** (80.397)	0.222*** (4.828)
	第一大股东持股比例	-	-0.633*** (-21.230)	-0.740*** (-8.129)	-0.609*** (-19.397)	-0.200*** (-6.781)	-0.053 (-0.433)	-0.252*** (-8.393)	-0.551*** (-19.311)	-0.766*** (-7.995)	-0.514*** (-17.216)	-0.604* (-1.828)
	上市公司实际控制人	+	0.059*** (5.855)	-0.006 (-0.151)	0.056*** (5.379)	-0.070*** (-6.966)	-0.085* (-1.735)	-0.085*** (-8.491)	0.105*** (10.889)	0.033 (0.857)	0.104*** (10.419)	-0.063 (-0.430)
	管理层权力	+	0.076*** (9.667)	0.032* (1.596)	0.047*** (5.075)	0.080*** (10.273)	0.294*** (10.880)	-0.022** (-2.531)	0.156*** (20.800)	0.111*** (5.192)	0.132*** (15.166)	0.190** (2.523)

续表

自变量		预期符号	前3名高管薪酬均值（Lnpay）			在职消费（Lnperk）			全部高管薪酬均值（Lndif-pay）			垄断租金薪酬（Lnmon-pay）
			栏目1 全样本	栏目2 垄断企业	栏目3 非垄断企业	栏目4 全样本	栏目5 垄断企业	栏目6 非垄断企业	栏目7 全样本	栏目8 垄断企业	栏目9 非垄断企业	栏目10 垄断企业
高管年龄		+	0.013^{***} (9.277)	0.017^{***} (3.521)	0.013^{***} (8.882)	0.019^{***} (13.069)	0.028^{***} (4.233)	0.017^{***} (11.606)	0.013^{***} (9.375)	0.005 (0.898)	0.014^{***} (9.671)	-0.009 (-0.495)
现金流量		+	-0.116^{**} (-2.573)	-0.129 (-0.713)	-0.034 (-0.722)	0.790^{***} (17.736)	0.853^{***} (3.552)	0.861^{***} (19.272)	-0.161^{***} (-3.749)	-0.176 (-0.926)	-0.086^{*} (-1.944)	-1.145^{*} (-1.864)
财务杠杆		−	-0.319^{***} (-12.617)	-0.429^{***} (-5.154)	-0.328^{***} (-12.373)	-0.222^{***} (-8.852)	0.005 (0.043)	-0.195^{***} (-7.680)	-0.330^{***} (-13.623)	-0.407^{***} (-4.653)	-0.342^{***} (-13.569)	0.025 (0.083)
地区因素		+	0.170^{***} (18.074)	0.003 (0.110)	0.180^{***} (18.119)	0.002 (0.188)	0.120^{***} (3.151)	-0.017^{*} (-1.843)	0.118^{***} (13.139)	0.006 (0.209)	0.125^{***} (13.245)	-0.148 (-1.428)
控制变量	公司所处行业的地区的职工平均工资	+	$8.53\times10^{-6***}$ (42.134)	$9.13\times10^{-6***}$ (15.629)	$8.96\times10^{-6***}$ (41.170)	$1.98\times10^{-6***}$ (9.865)	-4.1×10^{-8} (-0.053)	$2.96\times10^{-6***}$ (14.210)	$8.55\times10^{-6***}$ (44.139)	$1\times10^{-5***}$ (16.285)	$8.84\times10^{-6***}$ (42.753)	$7.53\times10^{-6***}$ (3.383)
	监事会规模	−	-0.027^{***} (-7.293)	-0.037^{***} (-4.226)	-0.020^{***} (-4.926)	0.026^{***} (7.287)	0.042^{***} (3.614)	0.022^{***} (5.669)	-0.051^{***} (-14.621)	-0.056^{***} (-6.049)	-0.045^{***} (-11.865)	0.034 (1.074)
	审计委员会	−	0.087^{***} (9.911)	0.119^{***} (4.427)	0.081^{***} (8.848)	0.007 (0.816)	-0.082^{**} (-2.310)	0.014 (1.643)	0.096^{***} (11.461)	0.132^{***} (4.666)	0.090^{***} (10.344)	0.191^{*} (1.933)

续表

自变量	预期符号	前3名高管薪酬均值（Lnpay）			在职消费（Lnperk）			全部高管薪酬均值（Lndif-pay）			垄断租金薪酬（Lnmon-pay）
		全样本 栏目1	垄断企业 栏目2	非垄断企业 栏目3	全样本 栏目4	垄断企业 栏目5	非垄断企业 栏目6	全样本 栏目7	垄断企业 栏目8	非垄断企业 栏目9	垄断企业 栏目10
两职兼任	+	0.018 (1.209)	0.077 (1.463)	0.052*** (3.236)	-0.037** (-2.561)	-0.346*** (-4.972)	0.082*** (5.398)	-0.159*** (-11.358)	-0.067 (-1.222)	-0.133*** (-8.771)	-0.454** (-2.455)
高管持股与否	+	0.018* (1.879)	0.052* (1.869)	0.003 (0.257)	0.089*** (9.310)	-0.106*** (-2.888)	0.101*** (10.338)	0.068*** (7.424)	0.046 (1.585)	0.060*** (6.144)	0.009 (0.088)
常量		4.762*** (51.037)	5.978*** (23.337)	4.404*** (43.846)	1.370*** (14.822)	1.158*** (3.397)	1.419*** (14.772)	3.728*** (41.748)	5.555*** (20.623)	3.314*** (34.719)	6.993*** (7.684)
样本数		22079	1777	20302	22029	1775	20254	22043	1775	20268	772
F值		1125.007***	129.411***	1035.775***	3567.328***	348.376***	3301.207***	1276.624***	120.686***	1187.656***	9.669***
调整后的R^2		0.449	0.536	0.449	0.721	0.758	0.723	0.481	0.519	0.484	0.152

注：*、**、***分别表示相关系数在10%、5%、和1%水平上显著（双尾检测），括号内为相应的t值，下同。

表7-9　高管实际薪酬、垄断租金薪酬与管理层权力

自变量	因变量：在职消费（Lnperk）			因变量：垄断租金薪酬（Lnmon-pay）
	全部样本	垄断行业	非垄断行业	
	栏目1	栏目2	栏目3	栏目4
管理层权力	0.052***	0.290***	−0.047***	0.052
	(6.792)	(10.750)	(−5.435)	(0.833)
高管薪酬水平	0.052***	−0.039	0.153***	0.731***
	(22.624)	(−1.234)	(23.264)	(10.086)
总资产收益率	−0.345***	−0.135	−0.325***	0.731***
	(−3.749)	(−0.316)	(−3.521)	(10.086)
总资产周转率	0.426***	0.693***	0.386***	0.731**
	(49.054)	(16.725)	(44.004)	(10.086)
资产保值增值率	−0.046***	−0.048	−0.043***	−0.033
	(−7.938)	(−1.617)	(−7.410)	(−0.494)
企业规模	0.704***	0.772***	0.701***	0.017
	(154.966)	(44.941)	(148.746)	(0.491)
股权集中度	−0.180***	0.001	−0.241***	
	(−6.188)	(0.009)	(−8.179)	
股权性质	−0.107***	−0.116**	−0.117***	
	(−11.243)	(−2.387)	(−12.351)	
现金流量	−0.107***	0.930***	0.887***	
	(18.702)	(3.832)	(20.007)	
财务杠杆	−0.223***	−0.113	−0.190***	
	(−8.970)	(−1.034)	(−7.569)	
行业职工平均工资	7.93E−07***	1.13E−06	1.6E−06***	
	(3.974)	(1.411)	(7.728)	
两职兼任	−0.024*	−0.315***	0.092***	
	(−1.649)	(−4.482)	(6.138)	
常量	1.170***	1.802***	1.183***	2.081***
	(13.219)	(4.894)	(13.081)	(2.705)
样本数	22029	1775	20268	772
F值	4818.336***	448.372***	4481.576***	38.712***
调整后的R^2	0.724	0.752	0.726	0.227

另外，栏目1、栏目2和栏目3高管薪酬的回归系数全部为正，且显著。显示企业高管在寻求权力薪酬增长的同时，并未放弃对货币薪酬的追逐，在职

消费的增加并未影响到货币薪酬的减少。同样，垄断行业企业高管垄断租金薪酬的增减和高管货币薪酬的获取也是同步的，且高管薪酬系数通过了1%水平的显著性检验。表明，垄断行业企业高管一方面按照业绩薪酬获取了理应得到的高管货币显性薪酬，同时利用管理层权力实现了对在职消费隐性薪酬的谋取；另一方面又在垄断优势和管理层权力的共同作用下获得了垄断租金薪酬。假设H4-2得到验证。

7.2.4　管理层权力作用下垄断行业企业绩效薪酬操纵行为分析

Healy（1985）、DeAngelo（1986）、Jones（1991）等将总应计利润分为非操纵性应计利润和操纵性应计利润，非操纵性应计利润主要受到营业收入变动和固定资产水平两个因素的影响。营业收入变动会带来营运资本变动进而导致企业应计利润变动；固定资产在使用过程中产生的折旧会导致当期应计利润减少。但与Healy和DeAngelo不同的是，Jones认为每一期的非操纵性应计利润都具有变动性，因此，Jones改变了每期非操纵性应计利润都不变的假设，并考虑了销货变动以及折旧性资产总额对非操纵性应计利润的影响，建立了Jones模型。

之后，Dechow、Sloan和Sweeney（1995）在Jones模型的基础上，认为管理人员可能利用信用销售来操纵应计利润。同时，为了消除赊销行为的影响，对应收账款进行了调整，并建立了修正的Jones模型。

为了进一步探索我国垄断行业企业管理层权力在绩效薪酬制度下的作用，本书通过修正的Jones模型进一步将会计业绩分解为非可操纵性业绩（NDA_ROA）与可操纵性业绩（DA_ROA）。具体步骤如下：

首先，利用最小平方法找出估计的数据对应的估计回归参数，即β_0、β_1、β_2，有式（7-2）：

$$\frac{\text{TAcc}_{it}}{\text{TA}_{it-1}} = \beta_0 \times \frac{1}{\text{TA}_{it-1}} + \beta_1 \times \frac{\Delta\text{REV}_{it} - \Delta\text{REC}_{it}}{\text{TA}_{it-1}} + \beta_2 \times \frac{\text{PPE}_{it}}{\text{TA}_{it-1}} + \varepsilon_{it} \quad (7-2)$$

式中，$TAcc_{it}$ 为估计期总应计业绩；TA_{it-1} 为第 $t-1$ 年总资产❶；ΔREV_{it} 为第 t 年销货收入变动额，即第 t 年销货收入与第 $t-1$ 年销货收入的差额；ΔREC_{it} 为第 t 年应收账款变动，即第 t 年应收账款与第 $t-1$ 年应收账款的差额；PPE_{it} 为第 t 年固定资产净值；ε_{it} 为误差项；i 为第 i 家公司。

其次，将 β_0、β_1、β_2 代入式（7-3），以计算事件期间的非操纵性应计业绩 $NDAcc_{it}$。

$$\frac{NDAcc_{it}}{TA_{it-1}} = \beta_0 \times \frac{1}{TA_{it-1}} + \beta_1 \times \frac{\Delta REV_{it} - \Delta REC_{it}}{TA_{it-1}} + \beta_2 \times \frac{PPE_{it}}{TA_{it-1}} + \varepsilon_{it} \qquad (7\text{-}3)$$

式中，$NDAcc_{it}$ 为 i 家公司事件期的非可操纵性应计业绩。

最后，计算可操纵性应计业绩，得到式（7-4）。

$$\frac{DAcc_{it}}{TA_{it-1}} = \frac{TAcc_{it}}{TA_{it-1}} - \left[\beta_0 \times \frac{1}{TA_{it-1}} + \beta_1 \times \frac{\Delta REV_{it} - \Delta REC_{it}}{TA_{it-1}} + \beta_2 \times \frac{PPE_{it}}{TA_{it-1}} \right]$$

$$(7\text{-}4)$$

式中，$DAcc_{it}$ 为 i 家公司事件期的可操纵性应计业绩。

计算出统计期间内的 $NDAcc_{it}$ 和 $DAcc_{it}$ 后，构建以下模型进行检验：

$$Lnpay_{it} = \beta_0 + \beta_1 Power_{it} + \beta_2 ROA_{it} + \beta_3 ROA \times Power_{it} + \beta_4 Turnover_{it} +$$

$$\beta_5 Appreciation_{it} + \beta_6 Size_{it} + \beta_7 DFL_{it} + \beta_8 Stake_{it} + \varepsilon_{it} \qquad (7\text{-}5)$$

$$Lnpay_{it} = \beta_0 + \beta_1 Power_{it} + \beta_2 NDA\_ROA_{it} + \beta_3 DA\_ROA_{it} +$$

$$\beta_4 NDA\_ROA \times Power_{it} + \beta_5 DA\_ROA_{it} \times Power_{it} + \qquad (7\text{-}6)$$

$$\beta_6 Turnover_{it} + \beta_7 Appreciation_{it} + \beta_8 Size_{it} + \beta_9 DFL_{it} + \beta_{10} Stake_{it} + \varepsilon_{it}$$

模型（7-5）中，β_3 是反映管理层权力对薪酬敏感度的影响系数。模型（7-6）中，β_4 表示剔除操纵后的非可操纵性业绩——薪酬敏感度受管理层权力影响的程度，β_5 则表示可操纵性业绩——薪酬敏感度受管理层权力影响的程度。

应计业绩指标选取总资产收益率，检验结果见表7-10。3类样本的可操纵性业绩、非可操纵性业绩都与高管薪酬水平在1%的统计水平上显著正相关。

---

❶ 将式中变量经过上期期末总资产调整，以消除规模差异的影响。

垄断行业组的可操纵性业绩系数远高于非垄断行业组，可操纵性业绩每变动1%，垄断行业企业高管薪酬水平将变动0.315%，而非垄断行业企业高管薪酬水平将变动0.092%；非可操纵性业绩系数（1.249）却低于非垄断行业组（1.963）。表明垄断行业组的可操纵性业绩与高管薪酬水平之间的敏感度高于非垄断行业组，但非可操纵性业绩与高管薪酬水平之间的敏感度低于非垄断行业组。再次表明垄断行业企业高管利用管理层权力在其薪酬厘定过程中的影响要大于对非垄断行业企业高管薪酬的影响。

表7-10　管理层权力、盈余操纵与绩效薪酬分析

自变量	因变量：高管薪酬水平（Lnpay）					
	全样本		垄断行业		非垄断行业	
	栏目1	栏目2	栏目3	栏目4	栏目5	栏目6
管理层权力	0.154*** (20.964)	0.137*** (20.609)	0.064*** (2.716)	0.116*** (4.223)	0.157*** (19.176)	0.129*** (17.929)
总资产收益率	2.786*** (29.162)		1.298*** (3.030)		2.931*** (29.276)	
应计业绩与权力交乘项	−0.068 (−0.667)		−0.205 (−0.575)		−0.257** (−2.324)	
非可操作性业绩		1.452*** (15.803)		1.249*** (3.276)		1.963*** (18.349)
可操作性业绩		0.108*** (3.228)		0.315*** (1.430)		0.092*** (2.635)
非可操作性业绩与权力交乘项		0.007 (0.082)		1.008*** (3.304)		−0.721*** (−5.946)
可操作性业绩与权力交乘项		−0.121*** (−2.859)		0.020 (0.109)		−0.129*** (−2.854)
总资产周转率	0.115*** (12.046)	0.160*** (16.921)	0.027 (0.774)	0.045 (1.317)	0.112*** (11.253)	0.160*** (16.159)
资产保值增值率	−0.030*** (−4.644)	0.010 (1.459)	−0.027 (−1.122)	−0.003 (−0.134)	−0.030*** (−4.439)	0.006 (0.859)
企业规模	0.380*** (93.238)	0.422*** (95.468)	0.318*** (31.312)	0.328*** (32.149)	0.396*** (89.120)	0.446*** (91.625)
财务杠杆	−0.510*** (−18.543)	−0.818*** (−31.854)	0.064*** (2.716)	−0.642*** (−8.063)	−0.539*** (−18.702)	−0.872*** (−32.240)

| 自变量 | 因变量：高管薪酬水平（Lnpay） | | | | | |
| | 全样本 | | 垄断行业 | | 非垄断行业 | |
	栏目1	栏目2	栏目3	栏目4	栏目5	栏目6
高管持股比例	0.392*** (13.603)	0.387*** (13.239)	1.298*** (3.030)	0.914*** (3.116)	0.377*** (12.884)	0.373*** (12.607)
常量	4.492*** (52.220)	3.770*** (40.517)	5.748*** (25.307)	5.689*** (24.492)	4.165*** (44.572)	3.296*** (32.379)
样本数	21835	21835	1766	1766	20068	20068
F值	1456.463***	1079.460***	146.587***	116.263***	1346.966***	1003.609***
调整后的R^2	0.348	0.331	0.400	0.398	0.349	0.334

各样本组中非可操纵性业绩与权力交乘项 NDA_ROA×Power 与高管薪酬水平，以及可操纵性业绩与权力交乘项 DA_ROA×Power 与高管薪酬水平的相关关系表现各异。垄断行业企业非可操纵性业绩与权力交乘项 NDA_ROA×Power 与高管薪酬水平呈显著正相关关系，但可操纵性业绩与权力交乘项 DA_ROA×Power 与高管薪酬水平不相关。非垄断行业企业非可操纵性业绩与权力交乘项 NDA_ROA×Power，以及可操纵性业绩与权力交乘项 DA_ROA×Power 均与高管薪酬负相关，且都通过了 1% 的显著性统计检验。表明，在管理层权力作用下，垄断行业企业高管人员更倾向于通过非可操纵性业绩来达到薪酬水平的提升，而不是可操纵性业绩。这何尝不是一种既能实现较高薪酬水平的目的，却又能"避人耳目"的好方法呢？而非垄断行业企业的表现是，高管人员希望通过非可操纵性业绩和可操纵性业绩来提高其薪酬水平，但是在较完善的公司治理机制中，董事会利用管理层权力的作用努力控制了高管薪酬水平。

总的来讲，在垄断行业企业，权力越大的高管人员通过盈余管理手段操纵业绩从而获取更高的绩效薪酬的动机和效果越明显。并且在管理层权力作用下，垄断行业组的可操纵性业绩——薪酬敏感和非可操纵性业绩——薪酬敏感均要高于非垄断行业组。高管人员利用其权力对应计业绩进行操纵从而获取更高的绩效薪酬，其形式比在职消费更加隐蔽。假设H4-3得到证实。

7.2.5 管理层权力与企业业绩、企业规模的交乘作用对高管薪酬的影响

由前边的论述可知，企业业绩、企业规模对企业高管薪酬，无论是货币薪酬还是在职消费都具有显著影响，且垄断行业组的规模——在职消费敏感度要高于非垄断行业组，而规模——高管货币薪酬敏感度低于非垄断行业组。另外，企业业绩与对垄断行业企业高管的垄断租金薪酬也存在显著正相关关系。因此，本书将企业业绩、企业规模因素和管理层权力相结合，在基本模型（6-1）中加入管理层权力与企业业绩、企业规模的交乘项，即ROA×Power和Size×Power形成模型（7-7），来考察管理层权力与企业业绩、企业规模的交乘作用对高管薪酬的影响。

$$\left(Y_{it}\right)_j = \beta_0 + \beta_1 \text{Power}_{it} + \beta_2 \text{ROA}_{it} + \beta_3 \text{ROA} \times \text{Power}_{it} + \beta_4 \text{Size}_{it} +$$

$$\beta_5 \text{Size}_{it} \times \text{Power}_{it} + \beta_6 \text{Turnover} + \beta_7 \text{Appreciation} + \beta_8 \text{TOP1}_{it} + \qquad (7\text{-}7)$$

$$\beta_9 \text{Controller}_{it} + \beta_{10} \text{Age}_{it} + \beta_{11} \text{Cash} + \beta_{12} \text{DFL}_{it} + \beta_{13} \text{Region}_{it} + \beta_{14} \text{Wage}_{it} +$$

$$\beta_{15} \text{Supervisors}_{it} + \beta_{16} \text{Audit}_{it} + \beta_{17} \text{Two} \times \text{jobs}_{it} + \beta_{18} \text{Share}_{it} + \varepsilon_{it}$$

回归结果见表7-11，本书区分不同被解释变量的情形分别进行讨论。

表7-11 管理层权力与规模薪酬的回归估计结果

自变量	前3名高管薪酬均值（Lnpay）			垄断租金薪酬（Lnmon-pay）
	全样本	垄断企业	非垄断企业	垄断企业
	项目1	项目2	项目3	项目4
管理层权力	−0.346***	0.992***	−0.122	−0.300
	（−3.804）	（4.132）	（−1.123）	（−0.346）
总资产收益率	3.017***	1.931***	3.078***	−2.929***
	（33.036）	（4.943）	（32.207）	（−2.753）
总资产收益率权力交乘项	−0.137	−0.240	−0.267***	0.735
	（−1.480）	（−0.781）	（−2.638）	（0.920）
企业规模	0.324***	0.223***	0.338***	0.245***
	（74.849）	（13.593）	（73.313）	（4.180）

自变量	前3名高管薪酬均值（Lnpay）			垄断租金薪酬（Lnmon-pay）
	全样本	垄断企业	非垄断企业	垄断企业
	项目1	项目2	项目3	项目4
规模权力交乘项	0.020***	−0.042***	0.008*	0.020
	(4.720)	(−3.974)	(1.655)	(0.526)
总资产周转率	0.146***	0.125***	0.133***	0.354***
	(16.631)	(3.935)	(14.399)	(3.134)
资产保值增值率	−0.017***	−0.038*	−0.015**	−0.047
	(−2.798)	(−1.746)	(−2.435)	(−0.625)
第一大股东持股比例	−0.630***	−0.739***	−0.608***	−0.601*
	(−21.141)	(−8.144)	(−19.342)	(−1.819)
上市公司实际控制人	0.059***	−0.016	0.056***	−0.065
	(5.893)	(−0.440)	(5.371)	(−0.446)
高管年龄	0.013***	0.018***	0.013***	−0.011
	(9.200)	(3.704)	(8.803)	(−0.573)
现金流量	−0.112**	−0.128	−0.033	−1.138*
	(−2.491)	(−0.710)	(−0.717)	(−1.851)
财务杠杆	−0.321***	−0.435***	−0.328***	0.020
	(−12.689)	(−5.253)	(−12.330)	(0.066)
地区因素	0.170***	0.009	0.180***	−0.153
	(18.130)	(0.333)	(18.124)	(−1.474)
公司所处地区该行业的职工平均工资	8.64E−06***	8.99E−06***	9.01E−06***	7.6E−06***
	(42.447)	(15.424)	(41.284)	(3.402)
监事总规模	−0.026***	−0.037***	−0.019***	0.034
	(−6.959)	(−4.203)	(−4，793)	(1.068)
审计委员会	0.087***	0.116***	0.081***	0.194*
	(9.913)	(4.330)	(8.798)	(1.954)
两职兼任	0.030**	0.037	0.057	−0.438**
	(2.007)	(0.689)	(3.552)	(−2.325)
高管持股与否	0.019**	0.041	0.004	0.009
	(1.976)	(1.474)	(0.379)	(0.094)
常量	4.738***	6.877***	4.425***	6.516***
	(50.595)	(20.311)	(43.962)	(5.455)
样本数	22079	1777	20302	772
F值	1002.454***	116.914***	921.635***	8.652***
调整后的R^2	0.450	0.540	0.449	0.152

1. 被解释变量为前3名高管薪酬均值的对数

表7-11中栏目1、栏目2和栏目3的回归结果显示，三类样本的企业规模系数都为正，且在1%的水平上显著。

在Size×Power的回归系数上，垄断行业企业和非垄断行业企业的符号相反。垄断行业企业样本的规模权力交乘项的系数为负，且在1%的水平上显著。同时，总资产收益率权力交乘项的系数也为负，但未通过显著性检验。而非垄断行业企业的规模权力交乘项的系数为正，但总资产收益率权力交乘项的系数为负。这拓展了陈震、丁忠明（2011）等研究者的研究结论。[●]借鉴陈震、丁忠明（2011）的研究，将模型（7-7）做简单变形，得到模型（7-8）：

$$(Y_{it})=\beta_0 + \beta_2 ROA_{it} + \beta_4 Size_{it} + (\beta_1 + \beta_3 ROA + \beta_5 Size) \times Power_{it} +$$

$$\beta_6 Turnover + \beta_7 Appreciation + \beta_8 TOP1_{it} + \qquad (7\text{-}8)$$

$$\beta_9 Controller_{it} + \beta_{10} Age_{it} + \beta_{11} Cash_{it} + \beta_{12} DFL_{it} + \beta_{13} Region_{it} + \beta_{14} Wage_{it} +$$

$$\beta_{15} Supervisors_{it} + \beta_{16} Audit_{it} + \beta_{17} Two \times Jobs_{it} + \beta_{18} Share_{it} + \varepsilon_{it}$$

模型（7-8）中，$(Y_{it})_j$表示被解释变量，下标it表示第t期的i家公司。$j = a,b$。当$j = a$时，被解释变量为高管薪酬水平（Lnpay）；当$j = b$时，被解释变量为垄断租金薪酬（Lnmon-pay）。ε_{it}为不可观测的随机误差。$(\beta_1 + \beta_3 ROA + \beta_5 Size) \times Power_{it}$考察的是高管薪酬中与管理层权力相关的部分，称为管理层权力薪酬。再细化分解，$\beta_1 \times Power_{it}$可以认为是管理层权力产生的直接薪酬；$(\beta_3 ROA + \beta_5 Size) \times Power_{it}$是管理层权力产生的间接薪酬。其中，$\beta_3 ROA \times Power_{it}$表示改变业绩权重而改变的管理层权力薪酬；$\beta_5 Size \times Power_{it}$表示改变规模权重而改变的管理层权力薪酬。

● 陈震、丁忠明(2011)研究发现，垄断企业的规模权力交乘项系数为负，而非垄断企业的规模权力交换项系数为正。但他们未在模型中考虑企业效率变量。另外，样本选取也不同。陈震等研究者根据产业集中度指标将CR4>75%的行业作为垄断行业，包括原油天然气开采、铁路运输、航空运输、电信和金融业，对照组选取的是CR4<30%的完全竞争行业，包括煤炭行业、钢铁行业、有色金属行业、医药行业、轻工纺织行业、房地产行业和旅游行业。而本研究根据主成分分析法将煤炭采选划分为垄断行业，并考虑到财务指标的统一性和可比性，未将金融业选取为样本。

　　从表7-11的回归结果看，垄断行业组的管理层权力回归系数显著为正。再次表明，垄断行业企业高管人员利用其权力对高管薪酬的获取施加了影响。另外，还应该全面考察管理层权力带来的直接薪酬和间接薪酬。根据回归结果可知，垄断行业组的管理层权力回归系数为正，业绩权力交乘项和规模权力交乘项均为负，但（$\beta_1 + \beta_3 \text{ROA} + \beta_5 \text{Size}$）$\times \text{Power}_{it}$ 系数为正。[1]因此，总的来看，垄断行业企业管理层权力增加会导致高管薪酬的增加。与此相反，非垄断行业组的管理层权力和业绩权力交乘项的回归系数为负，规模权力交乘项均为正，但（$\beta_1 + \beta_3 \text{ROA} + \beta_5 \text{Size}$）$\times \text{Power}_{it}$ 系数为负。说明垄断行业企业高管会利用管理层权力增加权力直接薪酬和权力间接薪酬，而非垄断行业企业高管在公司治理的约束下难以运用管理层权力获取更多的薪酬。

　　出现这种回归结果的原因是垄断优势和薪酬管制的存在。一方面，同样的高管努力程度，垄断行业企业表现的企业绩效要高于非垄断行业企业。也就是说，垄断优势引致垄断行业企业相比于非垄断行业企业更容易实现企业绩效的考核，高管人员也因此获得了较高的薪酬水平；另一方面，前已述及，我国垄断行业企业中大多数属于国有性质，而薪酬管制普遍存在于国有企业中。当这种管制下的非内生的薪酬契约降低了应有的激励效率时，高管人员便会寻求激励效果更强的替代品，即在职消费等隐性薪酬。国有性质决定了国有企业高管人员经营目标的多元化，模糊了企业绩效与高管努力程度之间的因果关系，降低了高管薪酬与企业绩效之间的相关性和敏感度。在这场不对称的交易中，政府明显处于劣势，因此，不得不采取弹性很小的高管薪酬体制，这与自由薪酬契约下的高管人员的行为选择明显不同，多元化的薪酬制度随之产生（陈冬华等，2005）。不直接表现为货币的在职消费和管理层权力产生的间接薪酬就是其中的重要内容。薪酬管制的主要表现是将高管收入与企业职工平均工资水平挂钩，但国有企业高管的相对收入在薪酬管制过程中可能被扭曲了。因此，当垄断行业企业高管薪酬水平受限时，其高管会通过增加业绩权重和规模权重来

---

　　[1] 垄断行业样本组（$\beta_1 + \beta_3 \text{ROA} + \beta_5 \text{Size}$）$\times \text{Power}_{it}$的系数为0.710，非垄断行业样本组（$\beta_1 + \beta_3 \text{ROA} + \beta_5$ Size）$\times \text{Power}_{it}$的系数为-0.381。

增加管理层权力的间接薪酬，从而谋求权力薪酬的增长。假设H6-1c得以
验证。

2.被解释变量为垄断租金薪酬

表7-11中栏目4的回归结果显示，总的来看，（$\beta_1 + \beta_3$ROA+β_5Size）×Pow-
er$_{it}$系数为0.455，表示管理层权力增加会导致垄断租金薪酬的增加。业绩权力
交乘项和规模权力交乘项均为正，但未通过显著性检验。表示垄断租金薪酬来
源于垄断优势产生的垄断利润，和垄断程度紧密相关，并不随业绩权重和规模
权重的增加而增加。

7.2.6 高管薪酬结构分解

根据模型（7-5）~模型（7-7）及表7-10、表7-11的回归结果可知，企
业高管能够利用管理层权力，增加业绩因素、规模因素对高管薪酬的影响力，
从而制定出利己的薪酬契约。

根据通过了显著性检验的指标，高管薪酬水平（Lnpay）可以分解为5类
结构薪酬，即权力直接薪酬、规模薪酬、业绩薪酬（陈震，丁忠明，2011）、
非操纵性业绩薪酬和操纵性业绩薪酬。其中，权力直接薪酬表示高管通过其权
力影响获取的与业绩无关的薪酬；规模薪酬反映规模因素对高管薪酬产生的影
响；业绩薪酬指根据企业业绩制定的薪酬部分；非操纵性业绩薪酬表示与企业
真实业绩相关的薪酬；操纵性业绩薪酬表示高管从操纵性业绩中获取的薪酬。
需要说明的是，操纵性业绩薪酬并不与真实的企业业绩相关。这5类结构薪酬
通过模型（7-9）~模型（7-13）获得：

$$\text{Lnpay\_Power}_{it} = \hat{\beta}_1 \times \text{Power}_{it} \tag{7-9}$$

$$\text{Lnpay\_Size}_{it} = \hat{\beta}_2 \times \text{Size}_{it} \tag{7-10}$$

$$\text{Lnpay\_ROA}_{it} = \hat{\beta}_3 \times \text{ROA}_{it} \tag{7-11}$$

$$\text{Lnpay\_ND}\hat{\text{A}}\_\text{ROA}_{i,t} = \hat{\beta}_4 \times \text{NDA\_ROA}_{i,t} \tag{7-12}$$

$$Lnpay\_\hat{DA}\_ROA_{it} = \hat{\beta}_5 \times DA\_ROA_{it} \qquad (7\text{-}13)$$

式中，$\hat{\beta}_1$、$\hat{\beta}_2$ 和 $\hat{\beta}_3$ 是模型（7-7）的回归估计值。$\hat{\beta}_4$、$\hat{\beta}_5$ 是模型（7-6）的回归估计值。表7-12描述的是估算的结构薪酬的单变量分析结果[1]。具体分析过程如下：

第一，从模型（7-5）和模型（7-4）的描述性统计中分别获得Lnpay、Power、ROA、Size、DA_ROA及NDA_ROA的均值和中位值。[2]

第二，由模型（7-7）和模型（7-6）分别得到 $\hat{\beta}_1$、$\hat{\beta}_2$、$\hat{\beta}_3$、$\hat{\beta}_4$ 及 $\hat{\beta}_5$ 的系数回归估计值。

第三，用各结构薪酬的均值和中位数分别与系数回归估计值相乘，并通过软件得到结构薪酬均值和中位数的检验值。

第四，用 t 分布理论来推断垄断行业组和非垄断行业组差异发生的概率，从而判定两个平均数的差异是否显著。

第五，考察各结构对高管薪酬水平的贡献。

分析结果见表7-12。

表7-12 高管薪酬（前3名高管薪酬均值）结构分析

变量名称	符号	系数估计值	均值分析				中位数分析		
			均值	系数×均值	独立样本t检验	结构薪酬占高管薪酬水平的比重（%）	中位数	系数×中位数	结构薪酬占高管薪酬水平的比重（%）
高管薪酬水平	$\hat{}$ Lnpay		12.6926 12.6436 12.6969		-2.677***		12.7445 12.7585 12.7421		
权力直接薪酬	$\hat{}$ Lnpay_ power	-0.346 0.992 -0.122	0.0000 -0.9967 0.0872	0.0000 -0.9892 -0.0106	-53.809***	— — —	-0.1122 -1.1488 -0.0610	0.0388 -1.1402 0.0074	0.3048% — 0.0583%

[1] 计算方法与权小锋、吴世农、文芳（2010）以及陈震、丁忠明（2011）方法相似。

[2] 相关的描述性统计结果见附表。

变量名称	符号	系数估计值	均值分析				中位数分析		
			均值	系数×均值	独立样本t检验	结构薪酬占高管薪酬水平的比重（%）	中位数	系数×中位数	结构薪酬占高管薪酬水平的比重（%）
规模薪酬	^Lnpay_size	0.324	21.7115	7.0406		55.4703%	21.5437	6.9862	54.8171%
		0.223	22.5549	5.0350	22.834***	39.8225%	22.3647	4.9925	39.1310%
		0.338	21.6377	7.3051		57.5348%	21.4930	7.2562	56.9469%
业绩薪酬	^Lnpay_ROA	3.017	0.0415	0.1253		0.9870%	0.0355	0.1072	0.8415%
		1.931	0.0371	0.0717	-2.652***	0.5672%	0.0315	0.0609	0.4772%
		3.078	0.0419	0.1290		1.0160%	0.0360	0.1107	0.8685%
非操纵性业绩薪酬	^Lnpay_NDAROA	1.452	−0.0189	−0.0275		—	−0.0181	−0.0262	—
		1.249	−0.0758	−0.0947	−26.293***	—	−0.0751	−0.0939	—
		1.963	−0.0139	−0.0273		—	−0.0150	−0.0294	—
操纵性业绩薪酬	^Lnpay_DAROA	0.108	0.0258	0.0028		0.0221%	0.0219	0.0024	0.0186%
		0.315	0.0328	0.0103	2.524**	0.0816%	0.0395	0.0124	0.0974%
		0.092	0.0252	0.0023		0.0182%	0.0204	0.0019	0.0147%

注：表中每一指标的3行数据依次为全样本的结构薪酬分析、垄断行业组的结构薪酬分析和非垄断行业组的结构薪酬分析。"—"表示计算出的比例为负值，因而不做分析。表7-13同。

首先，观察垄断行业组和非垄断行业组在获取结构薪酬上的差异。根据表7-12的分析结果，垄断行业组的高管薪酬水平显著高且稳定。并且统计上显著，再次证明了垄断行业企业高管普遍享受着高薪的事实。从均值检验结果可知，垄断行业组的规模薪酬和操纵性业绩薪酬显著高于非垄断组。而权力直接薪酬、非操纵性业绩薪酬和业绩薪酬却低于非垄断行业组。但并不意味着在分析高管薪酬时，垄断行业的管理层权力因素不重要。这可以从下面的分析中得到解释。

　　其次，考察垄断行业组和非垄断行业组各结构薪酬对高管薪酬的贡献。第一，以均值为依据，垄断行业企业操纵性业绩薪酬对高管薪酬的贡献为0.0816%，非垄断行业企业操纵性业绩薪酬对高管薪酬的贡献为0.0182%。我们仍然可以看到管理层权力在垄断行业企业高管薪酬中的重要影响。第二，从均值的角度观察，垄断行业组的规模薪酬、业绩薪酬对高管薪酬水平的贡献分别为39.8225%和0.5672%，规模薪酬是业绩薪酬的70.21倍；非垄断行业组的规模薪酬、业绩薪酬对高管薪酬水平的贡献分别为57.5348%和1.0160%，规模薪酬是业绩薪酬的56.63倍；而全样本组的规模薪酬、业绩薪酬对高管薪酬水平的贡献分别为55.4703%和0.9870%，规模薪酬是业绩薪酬的56.20倍。可见，企业规模对高管薪酬水平的影响甚于企业绩效对高薪酬水平的影响。第三，若从中位的角度看，垄断行业组的规模薪酬、业绩薪酬对高管薪酬水平的贡献分别为39.1310%和0.4772%，规模薪酬是业绩薪酬的82倍；非垄断行业组的规模薪酬、业绩薪酬对高管薪酬水平的贡献分别为56.9469%和0.8685%，规模薪酬是业绩薪酬的69.57倍；而全样本组的规模薪酬、业绩薪酬对高管薪酬水平的贡献分别为54.8171%和0.8415%，规模薪酬是业绩薪酬的65.14倍。可见，无论是全样本、垄断行业企业还是非垄断行业企业，企业规模对高管薪酬水平的作用远远大于业绩对高管薪酬水平的作用。第四，进一步观察非操纵性业绩和操纵性业绩对高管薪酬水平的影响。无论是均值还是中位数，垄断行业组和非垄断行业组的操纵性业绩均对高管薪酬水平产生了一定影响，其均值对高管薪酬水平的贡献分别为0.0816%和0.0182%；中位数对高管薪酬水平的贡献则分别为0.0974%和0.0147%。可见，无论是均值还是中位数，结论都是管理层权力引致垄断行业企业业绩对高管薪酬的作用要甚于非垄断行业企业业绩对高管薪酬的作用。假设6-1a进一步得到证实。

　　为了进一步验证上述结论，我们需要考察结构薪酬与高管隐性薪酬的关系。表7-13列示了垄断行业和非垄断行业两类样本之间存在显著差异的权力直接薪酬、规模薪酬和业绩薪酬对在职消费的贡献。独立样本 t 检验值表明垄断行业组的在职消费显著高于非垄断行业组。无论是均值还是中位数，和上边分析结构薪酬对高管薪酬水平（前3名高管薪酬均值）的贡献结果不同的是，垄断行业组的权力直接薪酬、规模薪酬和业绩薪酬对在职消费的贡献，均要高于非垄断行业组。说明垄断行业企业高管除了享有比非垄断行业组更高的货币薪酬外，还存在通过增加业绩薪酬权重和规模薪酬权重，从而增加更为隐蔽的隐性薪酬——在职消费的现象。假设H6-1c进一步得到验证。

表7-13 高管薪酬（在职消费）结构分析

变量名称及符号	系数估计值	均值分析			中位数分析			独立样本t检验
		均值	系数×均值	结构薪酬占在职消费的比重（%）	中位数	系数×中位数	结构薪酬占在职消费的比重（%）	
在职消费 $\overset{\wedge}{\text{Lnperk}}$		18.1844 18.6149 18.1162			18.0541 18.3012 18.0249			7.807***
权力直接薪酬 $\overset{\wedge}{\text{Lnpay\_Power}}$	−0.01 −1.349 0.203	−0.0021 −0.0486 0.0052	0.00002 0.06556 0.00105	1.15E−06 0.0035 5.83E−05	−0.1123 −0.0885 −0.1161	0.0011 0.1194 −0.0236	6.22E−05 0.0065 —	−2.352**
规模薪酬 $\overset{\wedge}{\text{Lnpay\_Size}}$	0.752 0.867 0.759	21.4336 22.2772 21.2999	16.1181 19.3143 16.1666	0.8863 1.0376 0.8923	21.2725 21.9978 21.1758	15.9969 19.0721 16.0724	0.8860 1.0421 0.8917	16.243***
业绩薪酬 $\overset{\wedge}{\text{Lnpay\_ROA}}$	0.35 0.648 0.255	0.0378 0.0481 0.0362	0.0132 0.0312 0.0092	0.0007 0.0017 0.0005	0.03673 0.0424 0.0359	0.0128 0.0274 0.0092	0.0007 0.0015 0.0005	3.582***

7.2.7 管理层权力作用下的垄断行业企业高管薪酬刚性特征

垄断行业企业高管薪酬备受诟病的主要原因之一是其薪酬水平稳居高位，同时，当企业业绩增加时，高管薪酬水平与业绩挂钩，也得到提高，但当业绩下降时，高管薪酬却未必下降，或者不降反升。一些文献研究发现了高管薪酬的黏性特征（Jackson, et al., 2008；方军雄，2009，2011；刘星，徐光伟，2012）。Jackson等（2008）研究发现，当公司业绩上升时，CEO现金薪酬与会计盈余正相关，而当公司绩效下降时，CEO 却未受到相应的惩罚。方军雄（2009）是我国较早发现高管薪酬存在黏性特征的研究者，他认为我国许多国有企业中存在着两职兼任现象，这为高管"控制"自己的薪酬提供了空间。方军雄（2011）以 2001—2008 年共 8 年的 A 股上市公司为样本，实证分析了公司高管和普通员工薪酬变化的不同趋势，结果显示，我国上市公司薪酬存在较为严重的"尺蠖效应"。业绩上升时，公司高管的薪酬增幅和薪酬业绩敏感度均显著高于普通员工，而在业绩下滑时高管的薪酬增幅不显著低于公司员工。刘星、徐光伟（2012）以 2005—2010 年国有上市公司为样本，研究发现，政府管制负向影响着国有企业高管薪酬业绩敏感度，高管人员利用权力寻租影响其薪酬制定，导致高管薪酬出现向上弹性和向下刚性的不对称性，即当公司业绩上升时，高管人员顺理成章地要求提高其薪酬，并且一般会顺利地通过董事会和股东大会决议；但当公司业绩下滑时，高管人员也会竭力说服公司业绩下滑的原因不是其不努力，而是不可抗拒的外部因素使然，当然，说服成功应归因于管理层权力的作用。因此，我们在基本模型（6-1）中加入相关变量，建立模型（7-14）来考察高管薪酬的黏性和刚性问题。

$$
\begin{aligned}
[Yitj] = &\beta_0 + \beta_1 \text{Profit}_{it} + \beta_2 \text{Deficit}_{it} + \beta_3 \text{Size}_{it} + \beta_4 \text{Power}_{it} + \\
&\beta_5 \text{Profit} \times \text{Power}_{it} + \beta_6 \text{Deficit} \times \text{Power}_{it} + \beta_7 \text{TOP1}_{it} + \\
&\beta_8 \text{Controller}_{it} + \beta_9 \text{Age}_{it} + \beta_{10} \text{DFL}_{it} + \beta_{11} \text{Region}_{it} + \\
&\beta_{12} \text{Wage}_{it} + \beta_{13} \text{Share}_{it} + \varepsilon_{it}
\end{aligned}
\tag{7-14}
$$

在模型（7-14）中，将业绩指标 ROA 区分为盈利业绩 Profit 和亏损业绩 Deficit。当 ROA>0 时，取 Profit=ROA，Deficit=0；当 ROA<0 时，取 Profit=0，Deficit=ROA。这样，β_1、β_2 分别表示不考虑管理层权力的盈利业绩敏感度和亏损业绩敏感度；$(\beta_1 + \beta_5)$、$(\beta_2 + \beta_6)$ 分别表示考虑管理层权力的盈利业绩敏感度和亏损业绩敏感度。$(Y_{it})_j$ 代表高管薪酬，j 取值 a、b、c。当 $j=a$ 时，表示高管薪酬水平（前 3 名高管薪酬均值）；当 $j=b$ 时，代表隐性薪酬（在职消费）；当 $j=c$ 时，代表垄断租金薪酬。

模型（7-14）的回归结果如表 7-14 所示，栏目 1 和栏目 2 是以全部上市公司为样本，分别针对因变量为前3名高管薪酬均值和在职消费时的回归结果；栏目3、栏目4和栏目5是以垄断行业上市公司为样本，分别针对因变量为前3名高管薪酬均值、在职消费和垄断租金薪酬时的回归结果；栏目6和栏目7是以非垄断行业上市公司为样本，分别针对因变量为前3名高管薪酬均值和在职消费时的回归结果。

表7-14　管理层权力与薪酬变动的不均衡性分析

被解释变量		全样本		垄断行业			非垄断行业	
		前3名高管薪酬均值	在职消费	前3名高管薪酬均值	在职消费	垄断租金薪酬	前3名高管薪酬均值	在职消费
		栏目1	栏目2	栏目3	栏目4	栏目5	栏目6	栏目7
解释变量	盈利业绩	3.945*** (37.406)	4.796*** (35.140)	1.727*** (3.604)	3.591*** (5.329)	−2.503 (−1.522)	4.151*** (37.527)	3.748*** (34.332)
	亏损业绩	1.425*** (8.047)	−4.014*** (−22.109)	2.234*** (2.769)	−5.053*** (−4.454)	−4.416* (−1.936)	1.288*** (6.953)	−3.983*** (−21.757)
	企业规模	0.323*** (74.499)	0.744*** (167.589)	0.243*** (19.124)	0.723*** (40.383)	0.248*** (5.441)	0.342*** (74.194)	0.749*** (164.643)
	管理层权力	0.103*** (12.259)	0.080*** (9.234)	0.090*** (3.441)	0.317*** (8.564)	0.251** (1.985)	0.085*** (8.986)	−0.005 (−0.520)
	盈利业绩权力交乘项	−0.276*** (−2.288)	−0.370*** (−2.998)	0.539 (1.293)	−0.644 (−1.097)	−0.901 (−0.663)	−0.379*** (−2.882)	−0.029 (−0.226)
	亏损业绩权力交乘项	−0.266** (−1.211)	−0.050 (−0.221)	0.230 (0.330)	−0.750 (−0.765)	3.277* (1.670)	−0.414* (−1.719)	−0.237 (−0.999)
	第一大股东持股比例	−0.621 (−20.935)	−0.188*** (−6.619)	−0.737*** (−7.965)	−0.062 (−0.479)	−0.812** (−2.435)	−0.584*** (−18.798)	−0.204*** (−6.6548)
	上市公司实际控制人	0.066*** (6.650)	−0.128*** (−12.605)	0.001 (0.041)	−0.109** (−2.101)	−0.079 (−0.534)	0.057*** (5.618)	−0.140*** (−13.835)
控制变量	高管年龄	0.015*** (10.493)	0.024*** (15.723)	0.020*** (3.922)	0.041*** (5.807)	0.001 (0.035)	0.015*** (9.884)	0.021*** (13.949)
	财务杠杆	−0.214*** (−8.584)	0.061** (2.381)	−0.389*** (−4.611)	0.157 (1.324)	0.235 (0.736)	−0.233*** (−8.983)	0.067*** (2.611)
	地区因素	0.183*** (19.409)	0.026*** (2.650)	0.014 (0.482)	0.125*** (3.112)	−0.159 (−1.530)	0.188*** (18.987)	0.000 (0.027)

续表

被解释变量		全样本		垄断行业			非垄断行业	
		前3名高管薪酬均值	在职消费	前3名高管薪酬均值	在职消费	垄断租金薪酬	前3名高管薪酬均值	在职消费
		栏目1	栏目2	栏目3	栏目4	栏目5	栏目6	栏目7
上市公司所在地区该行业的职工平均工资		8.62E–06*** (42.717)	1.01E–06*** (4.870)	9.6E–06*** (16.655)	−2.2E–06*** (−2.771)	7.02E–06*** (3.237)	9.1E–06*** (42.050)	2.26E–06*** (10.598)
高管持股与否		0.023** (2.399)	0.101*** (10.194)	0.061** (2.191)	−0.090** (−2.289)	−0.004 (−0.044)	0.007 (0.686)	0.114*** (11.247)
常量		4.572*** (48.817)	0.923*** (9.611)	6.215*** (24.468)	0.642* (1.798)	6.040*** (6.400)	4.166*** (41.498)	0.926*** (9.338)
样本数		22079	22029	1777	1775	772	20302	20254
F值		1341.554***	3909.349***	151.124***	355.473***	10.278***	1252.092***	3672.338***
调整后的R^2		0.441	0.698	0.524	0.722	0.135	0.445	0.702

1. 被解释变量为前3名高管薪酬均值时的情形

令人惊诧的是，垄断行业企业高管薪酬与盈利业绩和亏损业绩均呈正相关关系，并且盈利业绩和亏损业绩的系数均通过了1%的显著性检验。从系数值来看，当盈利业绩增加一个单位时，高管薪酬水平会增加1.727个单位；当亏损业绩增加一个单位时，高管薪酬水平仍然会增加2.234个单位。说明公司业绩增加时，垄断行业企业高管薪酬同步增加，但增加幅度远远高于业绩增加幅度，但公司业绩下降时，出现高管薪酬反而增加的"倒挂"现象。

更加令人惊异的是，对于垄断行业企业，考虑管理层权力的盈利业绩敏感度（$\beta_1 + \beta_5$）和亏损业绩敏感度（$\beta_2 + \beta_6$）均比不考虑管理层权力时的盈利业绩敏感度β_1和亏损业绩敏感度β_2要大，而且考虑管理层权力的亏损业绩敏感度增加的幅度要低于盈利业绩敏感度。这可能的解释是，在管理层权力的作用下，垄断行业企业高管为了自身收益不受影响，甚至为自己找好了"退路"——即便企业业绩不能够短时间内恢复，高管也毫发无损，因为其利用较强的议价能力在薪酬谈判过程中已经获取了足够的、甚至可能超过业绩增长时得到的收益。可见，我国垄断行业高管薪酬走进了一个"尺蠖效应"的怪圈——在利益的驱动下，无论公司盈利还是亏损，薪酬制定都偏向管理者，就像一伸一缩都朝着一个方向的"尺蠖"，谓之"尺蠖效应"。并且，在管理层权力作用下，高管薪酬的非对称性增大，具体表现是高管薪酬与亏损业绩的敏感度的增加幅度高于高管薪酬与盈利业绩的敏感度的增加幅度。可见，高管薪酬的刚性特征削弱了薪酬与绩效间的相关性，模糊了绩效与高管努力程度之间的因果关系，会阻碍公司业绩的提升。

而非垄断行业组和全样本组内的情形与垄断行业组的差异很大。全样本组和非垄断行业组的盈利业绩和亏损业绩的系数均在1%水平上显著为正，但亏损业绩系数均小于盈利业绩系数。表明盈利业绩每增加一个单位，高管薪酬水平将分别增加3.945个和4.151个单位；亏损业绩每增加一个单位，高管薪酬水平将分别增加1.425个和1.288个单位。此外，盈利业绩权力交乘项和亏损业绩权力交乘项的系数均为负。这均符合人们的预期。说明非垄断行业组高管利用权力在公司业绩出现亏损时对自身薪酬的操纵远远无法和垄断行业组相比，同时，非垄断行业企业股东在通过有效的公司治理等手段控制高管的薪酬水平。总体上看，非垄断行业组和全样本组基本符合最优契约理论阐述的以业绩为基础的高管薪酬制定原则。

因此，本书研究发现，管理层权力对垄断行业企业高管薪酬业绩敏感度的影响存在不对称现象。当公司业绩表现为盈利时，高管薪酬与业绩呈正相关，且高管权力进一步提高了薪酬业绩之间的敏感度；而当公司业绩表现为亏损时，薪酬业绩敏感度在管理层权力的作用下有所降低。结果是无论盈利还是亏损，高管薪酬均表现出向上的"刚性"特征。这实际上是基于自利行为的高管与股东非合作博弈的表现。当公司盈利时，高管将业绩归功于自身努力的结果，自然根据业绩获得相应的回报，但当公司出现亏损时，高管往往利用权力将业绩亏损归咎于不可控的外部因素，降低了薪酬业绩的敏感性，从而为其维持薪酬水平提供了可能。本书认为，当薪酬契约受到高管权力的影响而难以发挥其效用的时候，其公平性就会受到质疑。因此，在管理层权力的作用下，权力寻租行为导致高管货币薪酬呈现只升不降的"刚性"特征。至此，假设H5-1、H5-2得到验证。

2. 被解释变量为在职消费时的情形

以在职消费为因变量进行回归时，3类样本的盈利业绩与在职消费均在1%水平上显著正相关，亏损业绩与在职消费均在1%水平上显著负相关。结果符合最优薪酬契约理论，即薪酬契约的激励效应依赖于薪酬业绩的敏感性，高管薪酬与企业业绩的有效匹配是降低代理成本的有效途径。表明当公司盈利时，高管在职消费水平上升；当公司亏损时，高管在职消费水平下降。

值得注意的是，垄断行业组和非垄断行业组在职消费水平上升或下降的幅度有所不同。当公司盈利业绩增加1%时，垄断行业企业高管在职消费增加3.591%，非垄断行业企业高管在职消费增加3.748%；当公司亏损业绩增加1%时，垄断行业企业高管在职消费下降5.053%，非垄断行业企业高管在职消费下降3.983%。业绩同样变化一个单位，垄断行业企业和非垄断行业企业的高管在职消费与亏损业绩的敏感度都高于和盈利业绩的敏感度。另外，我们还发现，对于垄断行业企业，考虑管理层权力的盈利业绩敏感度 $\beta_1 + \beta_5$ 显著小于考虑管理层权力的亏损业绩敏感度 $|\beta_2 + \beta_6|$。因此，在管理层权力作用下，垄断行业企业高管在职消费水平的非对称性增大，表现为亏损业绩——在职消费敏感度要高于盈利业绩——在职消费的敏感度。假设H5-2得到验证。

3. 被解释变量为垄断租金薪酬时的情形

由表7-14回归结果可知，垄断租金薪酬与企业规模、管理层权力显著正相关。再次证明，企业规模以及管理层权力对垄断租金薪酬的正向影响。垄断租金薪酬与亏损业绩显著负相关，但与亏损业绩与管理层权力交乘项显著正相关。这表明，虽然表面上垄断租金薪酬在企业亏损时下降，但高管人员还是在管理层权力的作用下，提高了其薪酬，或者尽量最大限度降低其损失。假设H5-1得到验证。

7.3　稳健性检验

为提高回归结果的可信度，增强研究结论的可靠性，本书进行了稳健性检验。❶

第一，用净资产收益率作为业绩替代变量进行稳健性检验，回归结果仍然支持本研究主要结论。

第二，考虑到样本指标的异常值会对回归结果产生影响，本书还对高管薪酬、企业业绩、企业规模的最大值和最小值的1%观察值进行缩尾调整处理（Winsorize），回归结果同样支持本研究主要结论。

第三，考虑到财务指标的历史成本特性，和本年度的高管薪酬挂钩的主要是上年度的企业业绩，因此，本书采用滞后一期的企业业绩替代本年度业绩变量，重新进行回归检验。虽然样本观测值减少，但书中主要结论基本保持不变。

第四，在分析管理层权力对高管薪酬的影响时，本书中采用的是前3名高管薪酬均值的自然对数，用短期薪酬的另一指标——全部高管薪酬均值的对数进行检验，回归结果基本支持本研究主要结论。

总体上，本书的主要实证结论稳健。

7.4　本章小结

本章实证研究的主要结论包括：

（1）高管薪酬与企业业绩、企业规模正相关，与股权集中度负相关。但需要注意的是，垄断行业企业业绩并非全部来自高管努力，而很可能是其他因素使然，如垄断优势。而且其业绩质量应该引起我们关注和进一步研究，在不充

---

❶ 因篇幅所限,正文中只说明稳健性检验结论,具体回归结果详见附表。

足的现金流量和较高的资产负债率的情况下，仍然维持较高的高管薪酬水平，不能不为人诟病。

（2）高管权力与高管薪酬水平、在职消费均存在正相关关系。垄断行业企业在职消费与高管薪酬水平之间并不存在此消彼长的关系，说明垄断行业企业内在职消费等恶意挥霍问题远比货币薪酬问题严重。相比而言，垄断行业企业高管更偏好于在职消费等隐性薪酬，而非垄断行业企业更偏好于货币薪酬等显性薪酬。

（3）垄断行业企业普遍存在垄断租金薪酬，垄断租金薪酬注意来源于垄断优势产生的垄断利润，和垄断程度紧密相关，但管理层权力增加也会导致垄断租金薪酬的增加。

（4）与非垄断行业相比，垄断行业企业高管短期薪酬具有较高的业绩权重，而在职消费具有较高的规模权重。因此，垄断行业企业高管会通过增加业绩权重和规模权重来谋求权力薪酬的增长。

（5）垄断行业企业高管权力越大，其通过盈余操纵业绩获取绩效薪酬的金额越高。管理层权力寻租行为弱化了薪酬的不确定性，导致其短期薪酬表现出只升不降的"刚性"特征。同时，高管薪酬的非对称性增大，表现为亏损业绩的薪酬敏感度要高于盈利业绩的薪酬敏感度。我国垄断行业高管薪酬已经走进了一个"尺蠖效应"的怪圈。

第8章　主要结论、政策建议与未来展望

8.1　主要结论

本书主要研究我国垄断行业企业高管薪酬情况，检验了管理层权力、企业绩效、公司治理机制、企业基本特征和权变因素五大方面与高管薪酬的关系。主要结论如下。

8.1.1　高管薪酬制度的设计是多方因素共同作用的结果

高管薪酬制度的设计既受到高管个人的人力资本特征的影响，还是组织与外部环境、宏观与微观因素共同作用的结果。高管薪酬的水平和结构能够影响高管采取的战略决策、风险偏好等一系列行为，这些行为的结果又是评价高管绩效和企业绩效的主要依据。通过对企业绩效的评价和衡量，加以高管个人权力对薪酬制定的影响，最终形成高管薪酬契约，而该契约的激励效果又会对下一年度的高管行为产生影响，这就是"高管行为—企业绩效—高管薪酬—高管行为"的动态、封闭的循环系统。

然而，值得注意的是，企业垄断优势和代理人的代理能力水平与委托代理效果成正相关关系，企业垄断优势越强，委托代理效果越好；代理人的代理能力越高，委托代理效果越好。因此，垄断优势夸大了高管的努力成果，企业的高产出更可能是"好运气"而非代理人努力的结果。

8.1.2 垄断行业企业高管薪酬与非垄断行业企业高管薪酬的差异表现

垄断行业企业高管薪酬与非垄断行业企业高管薪酬的差异主要有4点。

一是垄断行业企业高管薪酬水平表现为高且稳定，尤其是在职消费的差异异常明显。垄断行业企业高管货币薪酬远远低于在职消费，高管在职消费均值大约超过高管货币薪酬均值的93倍之多，且在职消费的最大值高出非垄断行业组达3倍之多。表明垄断行业企业高管在努力提高企业业绩薪酬的同时也在增加其在职消费水平，存在过度消费现象。

二是垄断行业企业高管薪酬—企业效率的相关度较低。垄断行业企业的经营业绩较高且稳定，其运营效率却稳定低于非垄断行业组。而且，垄断行业企业高管薪酬与资产保值增值率不存在相关关系。说明我国垄断行业企业资产保值增值状况不容乐观。而企业资产保值和增值直接反映了企业的资本规模、生产能力、经营损益以及盈利能力，是企业各利益方经济决策的重要依据，如果忽视资产保值增值状况和高管薪酬的关系，则有可能造成侵吞资本的"短期行为"。

三是垄断行业企业高管薪酬结构中的长期激励明显弱于非垄断行业。垄断行业组中大约有45%的高管持有本公司股票，而非垄断行业组中大约有58%的高管持有本公司股票。垄断行业企业高管持股偏低，这会弱化薪酬的长期激励效应，同时，使得不合理的在职消费的内在化成本降低，增加了过度在职消费水平。

四是垄断行业企业高管除了享有比非垄断行业组更高的货币薪酬外，还会通过增加业绩薪酬权重和规模薪酬权重，从而增加更为隐蔽的隐性薪酬——在职消费。值得注意的是，垄断行业企业高管货币薪酬中的业绩对薪酬的影响程度大于规模对薪酬的影响程度，而在职消费中的业绩对薪酬的影响程度要小于规模对薪酬的影响程度。但无论是规模、业绩还是管理层权力对在职消费的贡献，垄断行业企业均要高于非垄断行业企业。

8.1.3 垄断租金薪酬普遍存在于垄断行业企业

垄断行业企业普遍存在着较高的垄断租金薪酬。实证检验结果显示，垄断租金薪酬与企业业绩、企业规模、管理层权力和公司所处地区职工平均工资水平存在显著正相关关系。表明获取垄断利润最直接的关系变量是企业业绩、企业规模和管理层权力，垄断租金薪酬主要来源于企业垄断利润的多少。

8.1.4 管理层权力在垄断行业企业高管薪酬厘定过程中的影响

垄断行业企业高管薪酬在厘定的过程中，管理层权力产生了重要的影响。垄断行业企业由于薪酬管制和高管薪酬的社会"愤怒成本"较高，高管更偏好于利用权力获取在职消费等隐性薪酬，而且高管在寻求权益薪酬增长的同时并未放弃对货币薪酬的追逐，在职消费的增加并未影响到货币薪酬的减少。同时，高管人员利用其权力对应计业绩进行操纵也会获取更高的绩效薪酬，其形式比在职消费更加隐蔽。而非垄断行业企业沉重的经营绩效压力下引发的管理层道德风险更加严重，更偏好于货币薪酬等显性薪酬。

8.1.5 我国垄断行业企业高管薪酬表现出"尺蠖效应"

垄断行业企业高管人员的权力寻租行为导致其薪酬出现"异质性"。一方面，高管权力寻租行为弱化了其薪酬的不确定性，权力越大，高管通过盈余操纵业绩获取绩效薪酬的金额越高，导致其货币薪酬能升不能降的"刚性"特征。当公司业绩表现为盈利时，高管薪酬与业绩呈正相关，且高管权力进一步提高了薪酬业绩敏感度；而当公司业绩表现为亏损时，高管利用权力降低了薪酬业绩敏感度，使得无论是盈利还是亏损，高管薪酬均表现出向上的"刚性"特征。当薪酬契约受到高管权力的影响而难以发挥其效用的时候，其公平性就会受到质疑。另一方面，在职消费和垄断租金薪酬水平的非对称性增大，表现为亏损业绩—在职消费敏感度要高于盈利业绩—在职消费敏感度。可见，我国垄断行业高管薪酬已经走进了一个"尺蠖效应"的怪圈。

8.2 完善我国垄断行业企业高管薪酬制度的政策建议

8.2.1 合理确定垄断行业企业高管薪酬制度影响因素的重要作用

契约内生于环境，渐进式的我国经济改革对企业高管薪酬契约的设计及其经济后果有着深远的影响。构建垄断行业企业高管薪酬制度时，应在充分考虑垄断行业特征的基础上，将高管薪酬契约与转型期的经济背景相结合，合理确定垄断行业企业高管薪酬影响因素的重要作用。

一方面，构建以企业绩效为基础的薪酬标准。效率工资理论认为生成效率和工资水平之间存在着正相关的运动；人力资本理论强调人力资本激励的主要方式是人力资本的产权尤其是收益权的实现；租金分享理论则阐明垄断行业厂商在获取超额利润的同时，企业管理者和普通雇员都有动机与能力参与垄断租金的分享（Damien，Roller，1996）。而且企业盈利能力越强，雇员和管理层分享部分超额利润的机会越大。因此，上市公司高管薪酬应主要以公司绩效为制定依据。这样，有助于改善垄断行业企业高管只重视净资产收益率和利润总额这些经营业绩考核标准中要求的指标，而忽视资产保值增值率和总资产周转率等经营效率指标的现象。

另一方面，同时兼顾盈利数量和盈利质量。在不充足的现金流量和较高的资产负债率的情况下，垄断行业企业高管薪酬仍然维持较高的水平，不能不令人质疑和诟病。

8.2.2 构建科学的企业绩效考核体系，客观公正地评价垄断行业企业绩效

高管薪酬水平既要遵循市场经济原则，又要与社会文化背景相协调，过高

或过低的高管薪酬水平都会影响薪酬激励契约的有效性。要产生良好的激励效应，使高管人员的目标尽量与股东一致，实现企业价值最大化，最好的状态是使高管薪酬与企业绩效水平相匹配，同时能够被社会所接受。然而，垄断利润有可能导致企业经营业绩虚增，进而夸大高管的努力成果，因此，在"限薪"的背后，还牵连着如何客观公正地评价垄断行业企业经营业绩的问题。

实证分析结论给出了构建合理的垄断行业企业绩效评价体系的重要启示。

一方面，垄断行业企业绩效考核体系的设计应该涵盖企业经营业绩和经营效率两方面。常见的业绩考核指标包括净资产收益率、加权平均净资产收益率、总资产收益率等财务业绩指标，以及每股收益、股票市场收益率、EVA、托宾Q值等市场业绩指标。具体选取的原则是指标获得的真实性和客观性，这样才能真正实现高管薪酬与企业真实业绩挂钩的功能，避免高管利用权力影响获取过度的权力薪酬。与以往大多数研究不同的是，我们还在企业效率方面考虑了资产保值增值率指标，这对国有垄断行业企业来讲尤其重要。

另一方面，如何抽丝剥茧，剔除垄断利润而找寻到企业的"真实"业绩。对于垄断行业企业而言，其高管业绩评价的困难之处在于，如何才能准确区分其业绩中有多少属于其努力工作的结果？又有多少来自企业垄断优势？特殊的行业垄断地位使得高管人员在其职责履行过程中可以排他性地利用垄断资源，致使企业业绩的增长一定程度上来源于行业垄断优势，而非完全是高管的个人贡献。这种情形下，如果按照企业名义业绩给予高管薪酬激励，必定会放大其努力程度，而与委托—代理理论相悖。因此，必须从企业名义业绩中剔除垄断利润，进而确定高管的真实贡献。这也正是本书的贡献之一。

8.2.3　优化高管薪酬结构

薪酬结构主要包括两方面内容：一是短期薪酬和长期薪酬；二是固定薪酬和风险薪酬。不同的公司治理模式下，高管薪酬政策也会存在差异。

　　根据莫兰德（Moerland，1995）的"二分法"❶，市场导向型公司治理模式下的美国公司股权较分散、流动性强，企业监督以外部市场为主，董事会中外部董事占据控制地位。其CEO薪酬结构包括基本工资、年度奖金、福利、津贴等短期激励以及股票期权、股票赠与、资本增值计划等长期激励。其中，基本工资预先确定并在一定时期内基本不变，年度奖金、福利和津贴则以短期应计盈余为依据确定，基本工资、年度奖金、福利和津贴起到了风险保证和短期激励的作用；具有长期激励作用的股票期权、股票赠予和资本增值计划则立足企业长远发展，赋予经理人员一定的风险，通过一定的设计使高管人员能够在未来某一时期获取一定收益的薪酬计划，促使高管人员的行为与股东财富最大化趋于一致。Colley 和 Doyle（2003）分别统计了30家道琼斯公司和500家标准普尔公司的短期激励薪酬与长期激励薪酬，结果显示，若以最高值计，长期激励薪酬约是短期激励薪酬的5~6倍；若以平均值计，长期激励薪酬约是短期激励薪酬的3倍。到目前为止，各国公司高管薪酬结构的发展趋势是风险薪酬比重逐渐上升而固定薪酬比重逐渐下降，长期薪酬比重逐渐上升而短期薪酬比重逐渐下降，而且股票期权正在逐渐成为长期激励的重要手段。但是，无论是固定薪酬和风险薪酬，还是短期薪酬和长期薪酬，都属于货币化薪酬。单一的高管薪酬体系会增加薪酬管制下"理性"的高管人员采取薪酬操纵行为的可能性，这势必会损害企业价值。因此，需要拓宽高管薪酬激励渠道，创新多元化、多层次的高管薪酬激励方式，充分发挥各层次薪酬的激励作用。具体措施如下。

---

　　❶根据莫兰德的"二分法"，世界各国的公司治理模式可以大致分为以市场为导向(Market-oriented)的美英模式和以网络为导向(Network-oriented)的日德模式两种模式。尽管各国的高管薪酬基本都由年薪、年度奖金或绩效奖金、股份薪酬构成，但不同模式下高管薪酬结构有所差异，明显的对比是，以美、英为主的市场导向型公司治理模式下的高管薪酬长期激励比例高于短期激励，风险薪酬比例高于固定薪酬，而以日、德为主的网络导向型公司治理模式下的高管薪酬长期激励比例低于短期激励，风险薪酬比例低于固定薪酬。严格地讲，我国目前的公司治理模式介于市场导向型和网络导向型之间，考虑到我国特有的国有股"一股独大"和"内部控制人"现象，市场导向型的美国公司高管薪酬激励制度能给我们更多的启示和借鉴。

第一，普及薪酬结构设计的多元化、全面性和完整性，合理制定垄断行业企业高管薪酬结构，包括固定薪酬和浮动薪酬两部分。固定薪酬主要根据市场水平、行业水准、物价指数、高管职位等因素确定，主要功能是保障高管本人及家庭的基本生活需要，比例应适中，不能过高；浮动薪酬的目的主要是增强薪酬契约激励强度，过高会促使高管过于追求短期利益，过低则会降低激励效应。建议根据企业当期应计利润剔除垄断利润后的部分，及企业真实业绩的一定比例支付给高管人员。

第二，优化股权结构，强化股权制衡。由文中分析可知，我国垄断行业企业80%以上是国有性质，且第一大股东持股比例远高于非垄断行业，国有股"一股独大"现象普遍存在，在国有股股东缺位的情况下，企业高管实际掌握着控制权，极易产生"内部控制人"，从而导致"强激励、弱约束"的格局。降低大股东持股比例、优化股权结构、形成股权结构多元化的格局、建立股权制衡机制是缓解这一问题的良方，也是制止大股东侵害中小股东利益的重要途径。

第三，探索和创新股权激励方式，提高高管人员持股比例。在选取的垄断行业企业样本中，只有约45%的高管持有公司股权，难以形成"利益趋同效应"，不利于激励其工作的积极性。因此，应在薪酬结构中充分考虑资本市场因素，适当提高高管持股比例，并不断探索和创新股权激励方式，如股票期权、限制性股票等，并逐步建立养老金和延期奖金机制。同时，为了使股权激励更好地发挥作用，还应形成良好的经济法律环境，积极谨慎实行股权激励制度，从企业内部和外部对高管形成有效的约束机制。

8.2.4　约束高管权力，规范垄断行业企业高管薪酬制度的内在支持

近年兴起的管理层权力理论表明，被赋予一定权力的高管人员可能利用其权力自定薪酬，或者享受更多的职务消费。因此，在评价国有垄断企业的高管薪酬时，不能忽视年报披露的显性薪酬之外的隐性薪酬。隐性薪酬的来源方式

有多种，如过度在职消费、职务升迁机会、名目繁多的福利待遇等，这些隐性薪酬数额甚至已经超过了显性薪酬，严重影响了收入分配政策的公平性和合理性。更为广大民众和专家学者所质疑的是，本意是解决委托代理问题的绩效薪酬在垄断行业企业内反而会成为高管人员获取高额薪酬的工具，因为垄断行业企业凭借垄断优势实现的名义业绩和高管人员努力所导致的实际业绩之间相差甚远，名义业绩远远高于实际业绩，而根据业绩决定的高管薪酬自然也会高出其应得薪酬很多。隐性薪酬和垄断租金无疑会增加代理成本，但也会对高管人员产生激励作用。赋予高管人员一定的控制权，可以使其感觉到自身价值和能力的存在，从而形成内化动力，可减少监督成本。因此，需要设计出一些能够控制其权力收益膨胀的制度，使其控制权收益处于一定水平，而不影响股东利益。

实证检验也证明，垄断行业企业存在高管过度在职消费现象，在职消费正在成为高管获取控制权收益的一种寻租手段，权力收益的治理已经刻不容缓。我国垄断行业企业主要是国有企业，而且约有88%的董事长和总经理两职合一，企业经营权、决策权和监督权高度集于一身，极端的"内部控制人"现象导致高管拥有很大权力，实证结论也证明管理层权力是影响薪酬激励的重要因素，它可以使得薪酬激励本身成为代理问题的一部分。建议约束高管权力从四方面入手。

一是破除行业垄断，尤其是行政垄断，构建以企业绩效为基础的高管薪酬标准。克服垄断行业借助行政垄断优势"操纵"市场，将成本压力转嫁给消费者和社会，获得垄断利润的现象，有效地控制行业收入差距扩大的趋势。并针对不同行业特征、企业发展阶段，将企业绩效、企业规模等指标进行进一步细化，设立行业高管最高薪酬标准。并构建以企业绩效为基础的高管薪酬标准，同时兼顾盈利数量和盈利质量。在传统的只重视净资产收益率和利润总额这些经营业绩考核指标之外，增加总资产周转率和资产保值增值率等经营效率的指标，构建以企业绩效为基础的高管薪酬标准，这对国有垄断行业企业来讲，尤为重要（郭淑娟，惠宁，2014）。

二是建立高管控制权收益制度。控制权收益概念最早由 Grossman 和 Hart（1988）提出，根据控制权收益是由高管个人获得而不为他人享有，还是增加了公司总市值从而被所有股东分享，将控制权收益区分为私人控制权收益（Private Benefits of Control）和股权控制权收益（Security Benefits of Control）两类。一般地，在研究控制权收益时，仅指私人控制权收益。控制权收益虽然会对代理成本造成负面影响，但也会对高管人员产生一定的激励作用。刘少波（2007）对此作了解释：一是获取和维持控制权收益的成本可以实现一部分对高管人员的监督作用；二是控制权收益的个人私有性有效地抑制了中小股东的"搭便车"行为。西方投资学中有一条颇得共识的格言，即"双鸟在林不如一鸟在手"，这从一个侧面折射出经济人偏好眼前利益的特性。但是一些研究者也发现，经济人也会考虑长远利益。如 Holmstrom 等研究发现，经理人因担心损害企业利益会导致其个人人力资本贬值，从而市场对他作出不利的判断，就要顾及长远利益并努力工作。现实中，大量被认为是谋求控制权收益最大化的公司，如东南亚那些家族控制公司并未因此在短期内衰败，许多公司反而一直在实现着可持续发展。这也从一个侧面说明，经理人通常具有自己对长远利益的考虑。不同性格的高管其价值观也存在差异性，有些注重货币收入，有些更注重非货币化收益。对于更偏好于非货币化收益的高管来讲，让其享有一定的控制权收益可以体现其价值追求，一定程度上也具有激励作用，但是前提是不能对代理成本产生过度影响。因此，就需要设计出一些能够控制高管控制权收益膨胀的制度，明晰控制权内容，规范在职消费，使高管控制权收益处于一定水平，不侵占股东利益。据国资委统计，2003—2007年，共有71507件国有企业案件被全国纪检监察机关立案调查，其中就有27.5%，即19698件涉及企业高管人员。❶如果针对控制权收益的设计出台一个比较详细的条文限制，就会有效地制衡和监督高管人员的机会主义行为。

三是发挥董事会、监事会以及审计委员会、薪酬委员会等专业委员会的重要作用，完善内部监管。作为企业最高决策机构的董事会，也是公司治理机制

---

❶ 国资委严查中央企业高管非法炒股.http//www.cnfol.com，2008年4月25日.

的核心，独立性是保证其有效监督高管人员的保障，公司董事会独立性越强，越能有效监督高管人员、降低代理成本、使委托代理双方利益趋于一致。与董事会平行的监事会，是独立行使对董事会、高管人员以及整个公司管理的监督权的机构，其重点也是保障监事和监事会的独立性。从收集的数据来看，我国垄断行业企业中未设立审计委员会的占到22.03%，说明很多企业未意识到审计委员会的重要性。审计委员会作为隶属于董事会的内部会计控制部门，应该充分发挥其监督财务事项、识别和管理财务风险的功能。薪酬委员会是隶属于董事会的次级委员会，美国、英国等发达国家的薪酬委员会成员大致4~6名，且多为独立董事组成。虽然，我国在公司法和上市公司治理准则中明确了上市公司必须设立薪酬委员会，并由薪酬委员会具体制定公司高管薪酬政策。从选取的样本来看，2003—2007年未设立薪酬委员会的垄断行业企业较多，占到垄断行业企业样本总数的33.41%，而2008年后，除了少数几家，如富龙热点、惠天热电等公司外，其余都设立了薪酬委员会。在设立薪酬委员会后，还应积极加强薪酬委员会相关制度的规范化，提高其独立性，现实中高管人员在薪酬委员会中任职现象较普遍，难以发挥薪酬委员会作用。只有提高薪酬委员会的独立性，才能建立有效的公司治理制衡机制，完善公司治理结构。

四是强化外部监管，完善规范垄断行业企业高管薪酬机制的法律法规建设。到目前为止，还没有专门针对我国垄断行业企业高管薪酬的相关规定和法规。因此，我国政府监管部门有必要进一步加强立法，从法律层面上规范垄断行业企业高管薪酬制度的建设，使其走上法制化轨道。例如，针对不同行业特征、企业发展阶段，将企业绩效、企业规模等指标进一步细化，出台垄断行业企业高管的"限薪令"，设立行业高管最高工资标准，同时又能发挥薪酬契约的激励作用；以法规的形式要求上市公司提高信息披露的透明度，抑制高管人员操纵薪酬的行为。另外，还要加强对公司年报披露内容的监管，基本工资、年度奖金、补贴、津贴、企业养老金、股权收入、考核高管人员业绩的依据和标准等都应该予以披露。

8.2.5　实现高管薪酬制度与经理市场机制的结合

我国垄断行业企业高管薪酬结构设计的总体表现是强"激励"而弱"约束"，基本没有考虑经理市场的需求和要求，高管薪酬信息披露也缺乏透明度，尤其是庞大的高管在职消费内容更是被"锁在深闺"。薪酬信息披露的不充分也会一定程度地弱化薪酬激励机制效应，制约经理市场功能的充分发挥。而且，垄断行业企业以行政任命或其他非市场方式产生的高管人员，在多元化的目标驱使下很难与股东长期利益保持一致，更多关注的是与薪酬挂钩最紧密的企业短期绩效，这会严重影响高管薪酬契约中长期薪酬的激励约束作用，阻碍高管薪酬结构的优化。如果缺乏合理公正的市场评价机制，高管薪酬契约机制与经理市场运行机制也就不能有效对接。

8.2.6　适度引入竞争，缩小行业收入差距

在垄断行业内适度引入竞争，处理不合理的高管薪酬差异，缩小行业收入差距。垄断租金不是来自成本节省而是凭借垄断势力提高价格的能力，由于垄断行业较高的工资福利所导致的收入分配效应也是极大的，即它有可能拉大社会各行业收入分配，也会拉大行业间高管薪酬的差距，而这种收入差距的拉大并不合理。有研究显示，垄断因素对行业收入差距有着重要影响：垄断行业收入水平高出非垄断行业的部分约占全社会所有行业收入平均值的60%~70%，我国行业收入差距不断加大的约1/3的"贡献"来自垄断行业，另外，隐性收入在垄断行业中表现得尤为突出，且进一步加大了行业收入差距。但是，如果缩小垄断行业范围，抑制行政垄断行业的过度扩张，行业收入差距将回归合理区间（惠宁，郭淑娟，2010）。而且从近两年情况来看，垄断行业企业高管畸高的年薪仍然是继续拉高社会平均工资的重要因素。按照规定，国有企业负责人也即总经理的收入不能超过一般员工的平均收入12倍，但实际上国有企业高管的年薪却始终是居高不下，年平均薪酬一直处于60万元左右。甚至90%

的国有企业负责人年薪都在百万元以上（降蕴彰，2012）。在此背景下，将适度竞争引入垄断行业内，参考市场标准对垄断行业高管的工资总额、福利和成本进行控制，破除行业垄断，尤其是行政垄断，克服垄断行业借助行政垄断优势"操纵"市场，将成本压力转嫁给消费者和社会，获得垄断利润的现象，形成公平竞争的市场环境，促进产品市场和劳动力市场的竞争，可以有效地控制行业收入差距扩大的趋势。总的来讲，在理论模型分析的基础上，最优激励约束机制的设计应该考虑委托人和代理人双方的利益，满足效用最大化、参与约束和激励相容约束3个条件，并遵循风险分担和成本效益的基本原则。

综上所述，我国垄断行业企业高管薪酬制度的构建需要从以下四方面考虑：一是普及薪酬结构设计的全面性和完整性，满足高管人员的内在与外在的需求，激发他们的潜能，实现与股东利益目标的一致性。二是建立以公司绩效为基础的合理的高管薪酬制度。三是建立高管控制权收益制度。控制权收益是对控制性股东监督行为的激励性制度安排，控制权作用于公司治理绩效改进能够产生增量收益，因此，出台比较详细的针对控制权收益的条文限制，可以进一步有效地制衡监督高管人员的机会主义行为。四是实现高管薪酬制度与经理市场机制的结合，以及经理报酬契约机制与经理市场运行机制的有效对接。总之，构建合理的垄断行业企业高管薪酬制度对于缩小我国目前较大的行业收入差距具有积极的意义。

8.3 本书的局限性和未来的研究方向

8.3.1 本书的局限性

（1）考虑到数据的可得性和可比性，本书仅对部分行业进行了研究。

在根据主成分分析法得出的14个垄断行业中，由于邮政业、烟草制品业没有上市公司，证券业、银行业和保险业的上市公司报表与其他上市公司报表编制方法不一致，因此，没有将这些行业作为本文研究的样本选取范围。本书研究所需的企业高管薪酬、企业绩效、规模、管理层权力、股权激励等变量的信息主要依赖于证券交易所的公开年报，或是根据年报进行计算和整理获得的。因此，本书的研究局限于公开上市的公司，而没有上市公司的邮政业和烟草制品业就不在本书研究范畴之中。

同时，由于考虑到数据间的可比性，财务指标、编制方法与一般上市公司不同的金融类企业也被排除在研究范畴之外。因此，在以后的研究中如果能获得更为完备的数据支持，将有利于进一步拓宽研究视角和研究思路，并把研究结论推广至普遍意义。

（2）本书建立的理论框架存在一定的局限性。

任何的理论框架都不是静态的，而是动态的。垄断行业企业高管薪酬理论框架也是如此。随着时间的动态变化，还需要对理论框架进行不断地修正和扩展。例如，当资本市场逐渐趋于完善时，必定会将市场绩效变量更多地考虑到理论框架中。

（3）选取研究指标的难度造成研究结论具有一定的局限性。

到目前为止，有许多研究变量还没有形成统一的标准，无疑增加了研究的难度。如管理层权力变量的衡量，不同研究者采用不同的指标，本书在前人研究的基础上，尽可能地将影响管理层权力的因素考虑全面，并采用主成分分析法合成管理层权力综合指标，但难免仍有失偏颇。而且，在获取在职消费、垄断租金薪酬等数据时，对费用的归类以及对全部上市公司加权净资产收益率可能存在选择上的偏差，以及计算工作量大，主观性较强等都可能影响或限制本书的研究结论。

（4）在考察垄断行业企业真实业绩时没能进一步清晰地考核企业效率。

在对垄断行业企业虚增业绩进行剥离，并据此计算垄断租金薪酬的过程中，本书的做法是假设垄断企业通过垄断优势获得租金时，企业的实际绩效是名义绩效（即应计利润）减去垄断租金后的差额，并将扣除所得税后的垄断利润作为垄断租金，据此估算垄断租金薪酬。但是可能存在这样一种现象，即有的垄断企业真实业绩与名义业绩相差无几，但资产经营效率却很低。说明可能存在高管人员在获取利润的同时忽视了资产保值增值率，甚至企业不同所有者之间的博弈中存在"搭便车"的可能，从而使国有企业利润率为正的情况下也存在资产流失的可能。

8.3.2 未来的研究方向

首先，随着将来信息披露的不断完善，数据获得的渠道越来越多，可以将烟草、邮政这样的垄断性较强的企业也作为研究对象，进一步丰富样本的多样性。进而更全面地考察我国垄断行业企业高管薪酬情况，为完善垄断行业企业高管薪酬制度提供更为现实的建议。

其次，虽然在证监会的要求下，上市公司于2002年年报起开始公布具体到各职位的高管薪酬信息，但是这些信息缺乏完整性和系统性。例如，有关薪酬结构以及高管业绩考核依据和考核标准的信息还不完全。随着未来上市公司年报公布高管薪酬信息的逐渐具体和细化，详尽地剖析企业绩效、公司治理机制、企业基本特征、高管控制权和权变因素等因素与高管薪酬结构中的各组成部分的相关性和敏感度，为更加准确地设计高管薪酬契约提供支持，就成为未来研究的一个方向。

再次，希望在未来的研究中不断补充和完善以及垄断行业企业高管薪酬的理论框架和模型。例如，随着企业的发展环境和发展周期的变化，权变的思想将是根据企业具体情况调整高管薪酬影响因素的重要依据。并希望运用主成分分析法、层次分析法等方法构建一个较为合理的高管薪酬影响因素权重体系，完整地解释企业基本特征、公司治理机制、高管权力等变量与高管薪酬的关系。

最后，在分析垄断行业企业真实业绩方面，可引入EVA（经济增加值指标）。国资委在2010年1月修订了《中央企业负责人经营业绩考核暂行办法》，该办法首次提出，将中央企业高管薪酬与EVA挂钩。EVA体现了高管人员真正的工作努力程度。这将是国有企业高管薪酬机制改革的一大进步。本书没有将EVA指标引入分析模型中，但在未来的研究中，可以考虑将EVA指标用于评估垄断行业企业业绩方面，并且针对不同行业制定差异化的资本成本率，以更准确地评价企业绩效。

参考文献

布坎南.1988.寻求租金和寻求利润[J].经济社会体制比较(北京),(6):16.

步丹璐,蔡春,叶建明.2010.高管薪酬公平性问题研究——基于综合理论分析的量化方法思考[J].会计研究,(5):39-46.

陈冬华,陈信元,万华林.2005.国有企业中的薪酬管制与在职消费[J].经济研究,(2):92-101.

陈甫军,胡德宝.2008.不确定性下的垄断势力测度问题[J].山西财经大学学报,30(3):50-55.

陈震,丁忠明.2011.基于管理层权力理论的垄断企业高管薪酬研究[J].中国工业经济,(9):119-129.

陈志广.2002.高级管理人员报酬的实证研究[J].当代经济科学,24(5):58-63.

谌新民,刘善敏.2003.上市公司经营者报酬结构性差异的实证研究[J].经济研究,(8):55-63.

代彬,刘星,郝颖.2011.高管权力、薪酬契约与国企改革——来自国有上市公司的实证研究[J].当代经济科学,(4):90-98,127.

樊纲,王小鲁,朱恒鹏.2007.中国市场化指数:各地区市场化相对进程2006年报告[M].北京:经济科学出版社.

方军雄.2009.中国上市公司高管的薪酬存在黏性吗?[J].经济研究,(3):110-124.

方军雄.2011.高管权力与企业薪酬变动的非对称性[J].经济研究,(4):107-120.

方阳春.2006.高新企业薪酬制度研究[D].杭州:浙江大学.

高明华,等.2009.我国上市公司高管薪酬指数报告[M].北京:经济科学出版社.

高明华,杜雯翠.2010.垄断企业高管薪酬:不足还是过度?[J].学海,(3):162-168.

格伦·R.哈伯德,安东尼·P.奥布赖恩.2010.经济学[M].北京:机械工业出版社.

龚玉池.2001.公司绩效与高层更换[J].经济研究,(10):75-82.

郭淑娟,惠宁.2014.我国垄断行业企业高管薪酬制度研究[J].经济管理,(9):91-102.

何燕珍.2003.国外企业薪酬政策及其对我国企业的启示[J].外国经济与管理,(6):30-34.

胡铭.2003.上市公司高层经理与经营绩效的实证分析[J].财贸经济,(4):59-62.

黄辉,张博,许宏.2013.管理层权力、国有控股与高管薪酬激励[J].经济问题,(1):91-96.

黄群慧,张艳丽,1995.国有企业代理阶层的"激励空缺"问题初探[J].经济研究,(8):13-15.

黄群慧.2000.企业家激励约束与国有企业改革[M].北京:中国人民大学出版社,103-104.

黄志忠,郗群.2009.薪酬制度考虑外部监管了吗?——来自我国上市公司的数据[J].南开管理评论,12(1):49-56.

黄志忠.2006.股权比例、大股东"掏空"策略与全流通[J].南开管理评论,(9):58-65.

惠宁,郭淑娟.2010.行业垄断与行业收入差距研究[J].山西财经大学学报,(8):21-30.

姜付秀,余晖.2007.我国行政性垄断的危害——市场势力效应和收入分配效应的实证研究[J].我国工业经济,(10):71-78.

金碚,黄群慧.2005."新型国有企业"现象初步研究[J].我国工业经济,(6):5-14.

李良智.2003.经营者货币报酬激励与控制权激励替代关系研究[D].大连:东北财经大学.

李琦.2003.上市公司高级经理人薪酬影响因素分析[J].经济科学,(6):13-127.

李维安,张国萍.2005.经理层治理评价指数与相关绩效的实证研究[J].经济研究,(11):87-98.

李燕萍,孙红,张银.2008.改革报酬激励、战略并购重组与公司绩效——来自我国A股上市公司的实证[J].管理世界,(12):177-179.

李增泉.2000.激励机制与企业绩效——一项基于上市公司的实证研究[J].会计研究,(11):24-30.

廖凯敏.2014.在职消费、高管—员工薪酬差距与公司绩效——基于浙江民营上市公司的实证研究[J].我国管理信息化,(13):10-11.

林浚清.2000.我国上市公司高管绩效激励研究[D].杭州:浙江大学.

刘斌,刘星,李世新,等.2003.CEO薪酬与企业业绩互动效应的实证检验[J].会计研究,(3):35-39.

刘凤委,孙铮,李增泉.2007.政府干预、行业竞争与薪酬契约——来自国有上市公司的经验证据[J].管理世界,(9):76-84.

刘少波.2007.控制权收益悖论与超控制权收益——对大股东侵害小股东利益的一个新的理论解释[J].经济研究,(2):85-96.

刘星,徐光伟.2012.政府管制、管理层权力与国企高管薪酬刚性[J].经济科学,(1):86-102.

刘志远,邵军.2005.多元化战略对资本结构影响的实证解析[J].天津财经学院学报,(7):34-37.

卢锐,2008.管理层权力,薪酬激励与绩效:基于我国证券市场的理论与实证研究[M].北京:经济科学出版社.

卢锐.2007.管理层权力、薪酬差距与绩效[J].南方经济,(7):60-70.

罗开平,陈绍刚.2005.基于Douglas函数的委托代理及激励机制模型研究[J].管理科学,18(6):88-93.

罗莉,胡耀丹.2015.内部控制对上市公司高管薪酬黏性是否有抑制作用?——来自沪深两市A股经验证据[J].审计与经济研究,(1):26-35.

吕长江,赵宇恒.2008.国有企业管理者激励效应研究[J].管理世界,(11):99-109.

马亚男.2008.大学—企业给予知识共享的合作创新激励机制设计研究[J].管理工程学报,22(4):36-39.

毛洪涛,周达勇,王新.2012.薪酬委员会在高管薪酬激励有效性中的治理效应研究——基于2002—2010年A股上市公司的实证研究[J].投资研究,(9):20-41.

纳超红.2009.管理权力、自由裁量性投资与高管薪酬[D].广州:暨南大学.

潘胜文.2008.典型垄断行业职工收入状况的实证分析[J].湖北社会科学,(9):99-102.

彭璧玉.2006.我国上市公司高管人员薪酬水平与公司治理关系的实证研究[J].山东社会科学,(1):118-122.

权小锋,吴世农,文芳.2010.管理层权力、私有收益与薪酬操纵[J].经济研究,(11):73-86.

孙海法,伍晓奕.2003.企业高层管理团队研究的进展[J].管理科学学报,6(4):82-89.

孙永祥,黄祖辉.1999.上市公司股权结构与绩效[J].经济研究,(12):23-30.

田利辉.2004.杠杆治理、预算软约束和中国上市公司绩效[J].经济学,(3):15-26.

田盈,蒲勇健.2006.多任务委托—代理关系中激励机制优化设计[J].管理工程学报,(1):24-26.

童卫华.2005.我国国有企业高管人员报酬:控制权激励观[J].经济学家,(6):53-57.

王克敏,王志超.2007.高管控制权、报酬与盈余管理——基于我国上市公司的实证研究[J].管理世界,(7):111-119.

王小鲁,樊纲,余静文.2017.中国省份市场化指数报告(2016)[M].北京:社会科学文献出版社.

魏刚,杨乃鸽.2000.高级管理层激励与经营绩效关系的实证研究[N].证券市场导报,(3):19-29.

魏刚.2000.高级管理层激励与上市公司经营绩效[J].经济研究,(3):32-69.

席酉民,张建琦.1998.不对等契约关系与国有企业改革[J].管理科学学报,(1):43-49.

夏宁,刘淑贤.2014.高管薪酬、企业分红与企业绩效关系研究[J].经济与管理论,(4):61-73.

肖作平,吴世农.2002.我国上市公司资本结构影响因素实证研究[J].证券市场导报,(8):39-44.

辛清泉,谭伟强.2009.市场化改革、企业业绩与国有企业经理薪酬[J].经济研究,(11):68-81.

杨蓉.2011.垄断行业企业高管薪酬问题研究:基于在职消费的视角[J].复旦大学学报(社会科学版),(5):133-140.

杨向阳,李前兵.2013.管理层权力与薪酬业绩敏感性关系研究——以我国民营上市公司为例[J].中国注册会计师,(4):77-83.

袁江天,张维.2006.多任务委托代理模型下国企经理激励问题研究[J].管理科学学报,9(3):45-53.

伊特韦尔 J,米尔盖特 M,彼得·纽曼·新帕尔格雷夫 P N.1996.经济学大辞典[Z].北京:经济科学出版社:500.

伊特韦尔 J,等.1992.新帕尔格雷夫经济学大辞典[Z].北京:经济科学出版社:157-159,150.

约瑟夫·J.马尔托奇奥.2002.战略薪酬:人力资源管理方法[M].北京:社会科学文献出版社.

张鸣,郭思永.2007.高管薪酬利益驱动下的企业并购[J].财经研究,33(12):103-113.

张维迎.1995.企业的企业家——契约理论[M].上海:上海人民出版社.

张维迎.2000.产权安排与企业内部的权力斗争[J].经济研究,(6):41-50.

张维迎.2004.博弈论与信息经济学[M].上海:上海人民出版社.

赵纯祥,罗飞.2013.市场竞争、管理者权力与薪酬黏性[J].当代财经,(10):76-85.

赵震宇,杨之曙,白重恩.2007.影响我国上市企业高管层变更的因素分析与实证检验[J].金融研究,(8):76-89.

周其仁.1996.市场里的企业:一个人力资本与物质资本的特殊契约[J].经济研究,(6):71-79.

周仁俊,杨战兵,李礼.2010.管理层激励与企业经营业绩的相关性——国有与非国有控股上市公司的比较[J].会计研究,(12):69-75.

ABOWD J, BOGNANNO M. 1995.International differences in executive and managerial compensation.Differences and Changes in Wage Structures[M]. R.Freeman and L. KatzIll , ed. National Bureau of Economics Research（NBER）. University of Chicago Press.

AGERWAL N C. 1981. Determinants of executive compensation[J] . Industrial Relations，（20）: 36-46.

AKERLOF G A. 1982. Labor Contracts as Partial Gift Exchange[J].The Quarterly Journal of Economics, 97(4):543-569.

ALBRECHT J W, VROMAN S B. 1998.Nash Equilibrium Efficiency Wage Distributions[J].International Economic Review, 39 (1):183-204.

ALCHIAN A, DEMSETZ H. 1972. Production, information costs and economic organization[J]. American Economic Review，(12):780-781.

AUGUSTINE I D, RAGHAVAN J I. 1999. Linking CEO pay to firm performance: Empirical evidence from the electric utility industry[J]. Managerial Finance, 25(9):21-33.

BEBCHUK L A, FRIED M J, WALKER D I. 2002.Managerial Power and Rent Extraction in the Design of Executive Compensation[C]//University of Chicago Law Review, 751-846.

BEBCHUK L A, GRINSTEIN Y. 2005.The growth of executive pay[J]. Oxford Review of Economics Policy, (21):283-303.

BEBCHUK L A, FRIED J M. 2004.Pay Without Performance: Overview of the Issues[C]//Working Paper of Harvard University.

BEBCHUKL A, FRIED J. 2003.Executive compensation as an agency problem[J]. Journal of Economic Perspectives, (17):71-92.

BERGERP,OFEK E,YERMACK D. 1997.Managerial entrenchment and capital structure decisions [J].Journal of Finanee, (52).

BERGSTRESSER D,PHILIPPON T. 2006. CEO Incentives and Earnings Management[J].Journal of Financial Economics, (80):511-529.

BERTRAND M, MULLAINATHAN S. 2001.Are CEOs rewarded for luck? The one without principals are[J]. Quarterly Journal of Economics, 116(3):901-932.

BIZJAK J M, LEMMON M L, NAVEEN L. 2003.Does the use of peer groups contribute to higher pay and less efficient compensation? [R].University of Utah.

BOGNANNO M L. 2010. Executive Compensation: A Brief Review[C]. Department of Economics DETU Working Paper, [EB/OL]10-02.March http://www.temple.edu/cla/economics/.

BOYD B. 1994. Board control and CEO compensation[J]. Strategic Management Journal, (15): 335-344.

BRIAN G M. 1991. Main Top executive pay and performance[J]. Managerial & Decision Economics, 12(3):219-229.

BRUCE O, STOFFER S E. 2003. Executive Compensation Answer Book(Fifth Edition)(影印本). 北京:中信出版社.

CARPENTER M A, SANDERS W G. 2002.Top management team compensation: The missing link between CEO pay and firm performance ? [J] Strategic Management Journal, 23(4):367-375.

CASE K E, FAIR R C. 1999.Principles of Macroeconomics (Fifth Edition)[M].Pearson Prentice Hall.

CHAKRAVARTHY B S. 1986. Measuring strategic performance[J]. Strategic Management Journal, (7): 437-458.

CLAESSENS S, FAN J . 2002.Corporate governance in Asia: A Survey[J].International Review of Finance, (3):71-103.

CONYON M, MURPHY K J. 2000. The prince and the pauper? CEO pay in the United States and the United Kingdom[J]. Economic Journal, (110):640-71.

DAMIEN N J, ROLLER L H. 1996. Rent sharing in the European airline industry[J].European Economic Review, 40:933-940.

DEAGANE S. 1999.How to restore higher-powered incentives in multitask agencies[J]. Journal of Law, Economics, and Organization, 15(2):418-433.

DEANGELO L. 1986.Accounting numbers as market valuation substitutes: A study of management buyouts of public shareholders[J].The Accounting Review, (61):400-420.

DECHOW P, SLOAN R, SWEENEY A. 1995. Detecting earnings management [J]. The Accounting Review, (4): 193-225.

DECKOP R J. 1988.Determinants of chief executive officer compensation[J].Industrial and Labor Relations Review, (41),2:215-226.

DJANKOV S, MURRELL P. 2002. Enterprise Restructuring in Transition: A Quantitative Survey [J].Journal of Economic Literature, (40):739-792.

DOW J, RAPOSO C. 2005.CEO compensation, change, and corporate strategy[J]. Journal of Finance, 60(6):2701-2727.

EFENDI J, SRIVASTAVA A, SWANSON E. 2007.Why do corporate managers misstate financial statements? The role of option compensation and other factors[J]. Journal of Financial Economics, (85):667-708.

FAHLENBRACH R. 2009.Founder-CEOs, investment decisions, and stock market performance[J]. Journal of Financial and Quantitative Analysis.

FAMA E F. 1980. Agency problems and the theory of the firm[J].The Journal of Political Economy, 88(2):288-307.

FAMA E, JENSEN M. 1983. Agency problems and residual claims[J].Journal of Law and Economics, (26):327-349.

FINKELSTEIN S, HAMBRICK D C. 1996. Strategic leadership:Top executives and their effects on organizations[M].New York:West Publishing Company.

FINKELSTEIN S. 1992. Power in top management teams: Dimensions, measurement, and validation[J]. The Academy of Management Journal, 35(3):505-538.

GABAIX X, LANDIER A. 2008. Why has CEO pay increased so much? Quarterly[J] .Journal of Economics, (123):49-100.

GAVER J J, GAVER K M, 1998. The Relation between Nonrecurring Accounting Transactions and CEO Cash Conpensation[J].Accounting Review, 73 (2):235-253.

GAVER J J, GAVER, K M. 1995. Compensation policy and the investment opportunity set[J].Financial Management, 24(1):19-33.

GIANNETTI M. 2009.Serial CEO incentives and the shape of managerial contracts[C]//ECGI - Finance Working Paper No. 183/2007.

GOMEZ-MEJIA L R. 1992. Executive compensation: A reassessment and a future research agenda [C]//Ferris G. Research in Personnel and Human Resources Management.Greenwich, England: JAI Press, 161-222.

GREEN J R, STOKEY N L. 1983.A comparison of tournaments and contracts[J].The Journal of Political Economy, 91(3): 349-364.

GRINSTEIN Y, HRIBAR P. 2004.CEO Compensation and Incentives:Evidence from M&A Bonuses [J]. Journal of Financial Economics, 73(1):119-131.

GROSSMAN S, Hart D. 1988.One share-one vote and the market for corporate control[J].Journal of Financial Economics, (20):175-202.

GROSSMAN W, Hoskisson R E. 1998.CEO pay at the crossroads of Wall Street and Main: Toward the strategic design of executive compensation[J]. Academy of Management Executive, 12 (1):43–57.

HALL B J, MURPHY K J. 2003. The trouble with stock options[J]. Journal of Economic Perspectives, (17):49–70.

HALL B, LIEBMAN J. 1998.Are CEOs really paid like bureaucrats? [J]. Quarterly Journal of Economics, 113(3):653–691.

HALLOCK K F. 1997.Reciprocally interlocking boards of directors and executive compensation[J]. Journal of Financial and Quantitative Analysis, (32): 331–344.

HAMBRICK D C, MSAON P A. 1984.Upper, echelons: The organization as a reflection of its top managers[J]. Academy of Management Review, (9):193–206.

HAMBRICK D D, FINKESTEIN S. 1995.The effects of ownership structure on conditions at the top:The case of CEO pay raises[J].Strategic Management Journal, (16):175–193.

HAMID M. 1992.Executive incentive plans, corporate control, and capital structure[J].Journal of Finaneial and Quantitative Analysis, (27):539–560.

HAMID M. 1995. Executive compensation structure, ownership, and firm performance[J]. Journal of Financial Economics, 38(2):163–184.

HART O D. 2001. Financial Contracting[J].Journal of Economic Literature, 39(4):1079–1100.

HAYES R, SCHAEFER S. 2009. CEO pay and the Lake Wobegon Effect[J]. Journal of Financial Economics, 94(2):280–290.

HEALY P. 1985. The effect of bonus schemes on accounting decisions[J].Journal of Accounting and Economics, 7 (4):85–107.

HENDERSON A, FREDRICKSON J. 1996. Information processing demands as determinants of CEO compensation[J].Academy of Management Journal, (39):575–606.

HENEMAN R L, FISHER M M, DIXON K E. 2001. Reward and organizational systems alignment: An expert system[J]. Compensation and Benefits Review, 33(6):618–629.

HERZBERG F, et al. 1959.The motivation to work[M]. New York: Wiley Press.

HICKS J R. 1935. The Theory of Monopoly:A Survey[J].Econometrica, 3(1):1–20.

HOGAN T, MCPHETERS L. 1980. Executive compensation: Performance versus personnel characteristics[J] . Southern Economic Journal, 46(4): 1060–1068.

HOLDEN R. 2005.The original management incentive schemes [J]. Journal of Economic Perspectives, (19):135-144.

HOLMSTROM B, MIGROM P. 1987. Aggregation and linearity in the provision of intertemporal incentive[J].Econometrica, 55(2):303-328.

HOLMSTROM B, WEISS L. 1985. Managerial incentives, investment and aggregate implications [J].Review of Economic Studies, (52):403-426.

HOLMSTROM B. 1979. Moral hazard and observability[J].Bell Journal of Economics, (10):74-91.

HOLMSTRÖM B. 1982.The Design of Incentive Schemes and the New Soviet Incentive Model[J].European Economic Review, 17(2):127-148.

JACKSON S, LOPEZ T, REITENGA A. 2008. Accounting fundamental and CEO bonus compensation[J]. Journal of Accounting and Public Policy, (27): 374-393.

JENSEN M C, MURPHY K J, WRUCK E. 2004. Remuneration: Where we've been, how we got to here, what are the problems, and how to fix them[J]. Working Paper, Harvard University and the European Corporate Governance Institute.

JENSEN M C, MURPHY K J. 1990. CEO incentives: it's not how much you pay, but how[J].Harvard Business Review, (3):138-149.

JENSEN M C, MURPHY K J. 1990. Performance pay and top-management incentives[J].Journal of Political Economy, 98(2):225-264.

JENSEN M C, MECKLING W. 1976. Theory of the firm: Managerial Behavior, agency costs, and ownership structure[J].Journal of Financial Economics, (3):305-360.

JOHN K, SAUNDERS A, SENBET L W. 2000. A theory of bank regulation and management compensation[J]. Oxford Journals Economics & Social Sciences Review of Financial Studies, 13 (1):95-125.

JONES J J. 1991. Earnings management during import relief investigations [J]. Journal of Accounting Research, (29): 193-228.

JOSKOW P, ROSE N, SHEPARD A. 1993. Regulatory constraints on CEO compensation[J]. Brookings Papers on Economic Activity, (1):1-72.

JOSKOW P, ROSE N, WOLFRAM C D. 1996. Political constraints on executive compensation: Evidence from the electric utility industry[J]. Journal of Economics, 27(1):165-182.

KAPLAN. 1994. Top executive rewards and firm performance: a comparison of Japan and the United States[J]. Journal of Political Economy, 102(3):510-546.

KERR J L, KREN L. 1992. Effect of relative decision monitoring on chief executive compensation [M]. Academy of Management.

KRAFT P, SUTTON S R, REYNOLDS H M. 1999. The transtheoretical model of behavior change: are the stages qualitatively different?[J]. Psychology and Health, (14):433-450.

KRUEGER A B, SUMMERS L H. 1987.Reflections on the Inter-Industry Wage Structure[C].Nber Working Paper Series,(6).

LAVALLE L. 2001.Commentary: Undermining pay for performance[J].Business Week, (15):70- 71.

LAZEAR E P. 1989. Pay equality and industrial politics[J]. Journal of Political Economy, (97): 561-580.

LERNER A P. 1934. The concept of monopoly and the measurement of monopoly power[J]. The Review of Economic Studies, 1 (3): 157-175.

LI J, XIN K R, TSUI A, et al. 1999. Building effective international joint Venture leadership teams in China[J]. Journal of World Business,34(1):52-61.

MACLEOD W B. 2003.Optimal contracting with subjective evaluation[J].American Economic Review, (93):216-240.

MASLOW A. 1943.A theory of human motivation[J].Psychological Review, 50:370-396.

MILGROM P,ROBERTS J. 1992. Economics, organization and Management[J].Prentice Hall, 425- 426.

MILLER J S, GOMEZ-MEJIA L R. 1996. Decoupling of executive pay and firm performance: A behavioral perspective[J]. The Academy of Management, 23(2): 135-158.

MIRRLESS J. 1975.The theory of moral hazard and unobservable behavior[D].Nuffield College, Oxford,Mimeo.

MONTGOMER Y, JAMES D. 1991. Equilibrium wage dispersion and inter industry wage differentials[J].The Quarterly Journal of Economics, 106 (1):163-179.

MORAN J,MORGAN J. 2001. Employee recruiting and the Lake Wobegon Effect[J]. Journal of Economic Behavior and Organization, (50):165-182.

MURPHY K J. 1986. Incentives, learning and compensation: A theoretical and empirical investigation of managerial labor contracts[J] . Rand Journal of Economics, (17): 59-76.

MURPHY K J. 1999. Executive compensation[J].Handbook of Labor Economics, 3(1):2485-2563.

MURPHY K, ZABOJNIK J. 2004. CEO pay and appointments: a market-based explanation for recent trends[J]. American Economic Review. (94):192-196.

NICKELL S, WADHWANI S. 1990. Insider forces and wage determination[J].Economic Journal, 100:496-509.

OTTEN J A. 2008.Theories on Executive Pay, A Literature Overview and Critical Assessment[R]. MPRA Working Paper.

PAVLIK E L, BELKAOUI A. 1991. Determinants of executive compensation[J] . Academy of Management Review, (22): 80-109.

PORTER L W, LAWLER E E. 1968. Managerial Atitudes and Performance[M]. New York: McGraw-Hill/Irwin.

RAJAN R, WULF J. 2006. Are perks purely managerial excess?[J].Journal of Financial Economics, (79): 1-33.

ROSEN L E S. 1981. Rank order tournaments as optimum labor contracts[J]. Journal of Political Economy, 89(5):841-864.

ROSS S. 1973. The economic theory of agency: The pricipal's problem[J].American Economic Review, (63):134-139.

SHAPIRO C, STIGLITZ J. 1984. Equilibrium Unemployment as a Worker Discipline Device[J]. American Economic Review, (74):433-444.

SIMMONS K,WRIGHT P. 1990. Determinants of chief executive officer compensation following major acquisitions[J].Journal of Business Research, 20(4):3-12.

SIMON H A. 1957. The compensation of executives[J].Sociometry, 20(1):32-35.

SOLOW R. 1979 Another Possible Source of Wage Stickiness[EB/OL].http://www.14edu.com/kuaiji/111Q10H42010-2.html.

SPENCE M, ZECHHAUSER R. 1971. Insurance, invermation and individual action[J]. American Economic Review, (61):380-387.

STIGLITZ J E. 1974. Alternative Theories of Wage Determination and Unemployment in L.D.C's: The Labor Turnover Model[J]. Quarterly Journal of Economics, 88(2):194-227.

TAKAO K, LONG C. 2006. CEO turnover, term performance, and enterprise reform in China: Evidence from micro data[J].Journal of Comparative Economics, (34):796-817.

TERVIO M. 2003.The difference that CEOs make: An assignment model approach[R]. Mimeo: University of California, Berkeley.

TOSI H L, WERNER S, KATZ J, et al. 2000. How much does performance matter? A meta analysis of executive compensation studies[J]. Journal of Management, (2):301-339.

UNGSON G R, STEERS R M. 1984. Motivation and politics in executive compensation[J].Academy of Management Review, 9(2):313-323.

VROOM V H. 1964. Work and Motivation[M].New York: Wiley.

WEITMAN M C. 1980. Efficient incentive contracts[J]. The Quarterly Journal of Economics, 94 (4):719-730.

WILSON R. 1969. The structure of incentive for decentralization under uncertainty[C].La Decision, 171.

YERMACK D. 2005.Flights of Fancy: Corporate Jets, CEO Perquisites, and Inferior Shareholder Returns[R].AFA 2005 Philadelphia Meetings.

ZHOU X, SWAN P L. 2003. Performance thresholds in managerial incentive contracts[J]. Economics & Finance, 76(4):665-696.

附　　　录

附录1　高管薪酬结构分解模型的描述性统计

附表1　结构薪酬分析变量的描述性统计

变量 名称	符号	样本数	最小值	最大值	均值	标准差	中位数	变异 系数
高管薪 酬水平	Lnpay	22079	8.52	16.25	12.6926	0.8612	12.74	0.07
		1777	9.44	14.92	12.6436	0.7981	12.76	0.06
		20302	8.52	16.25	12.6969	0.8664	12.74	0.07
高管薪 酬差异	Lndif-pay	22043	7.56	15.30	11.7898	0.8473	11.84	0.07
		1775	8.69	15.05	11.6769	0.8269	11.76	0.07
		20268	7.56	15.30	11.7997	0.8484	11.85	0.07
高管持 股数量	Num-share	22079	0.00	2.11E+09	2.85E+07	8.87E+07	53599.00	3.11
		1777	0.00	2.09E+08	1.88E+06	1.18E+07	5700.00	6.31
		20268	0.00	2.11E+09	3.08E+07	9.21E+07	70303.50	2.99
高管持 股比例	Stake	22079	0.00	0.93	0.0911	0.1837	0.00	2.02
		1777	0.00	0.67	0.0070	0.0525	0.00	7.48
		20302	0.00	0.93	0.0984	0.1891	0.00	1.92
在职 消费	Lnperk	22029	13.33	25.23	18.4223	1.2110	18.30	0.07
		1775	14.38	25.23	18.7862	1.5975	18.50	0.09
		20254	13.33	24.00	18.3905	1.1658	18.28	0.06
垄断租 金薪酬	Lnmon-pay	772	7.09	17.14	11.5016	1.4321	11.53	0.12

续表

变量名称	符号	样本数	最小值	最大值	均值	标准差	中位数	变异系数
净资产收益率	ROE	22077	−53.96	135.33	0.0419	1.2669	0.07	30.21
		1777	−8.45	4.25	0.0451	0.3619	0.07	8.03
		20300	−53.96	135.33	0.0417	1.3168	0.07	31.61
总资产收益率	ROA	22079	−0.81	2.93	0.0415	0.0726	0.04	1.75
		1777	−0.64	1.85	0.0371	0.0750	0.03	2.02
		20302	−0.81	2.93	0.0419	0.0724	0.04	1.73
总资产周转率	Turnover	22079	0.00	0.00	12.3729	0.7248	0.61	0.06
		1777	0.00	5.30	0.5467	0.4814	0.43	0.88
		20302	0.00	12.37	0.7404	0.6215	0.60	0.84
资产保值增值率	Appreciation	22079	0.00	12.37	0.7248	0.6137	0.59	0.85
		1777	−24.23	18.63	1.2223	1.2818	1.07	1.05
		20302	−19.97	26.86	1.3326	1.1433	1.07	0.86
企业规模	Size	22079	15.15	29.14	21.7115	1.2940	21.54	0.06
		1777	18.36	29.14	22.5549	1.6537	22.36	0.07
		20302	15.15	27.99	21.6377	1.2304	21.49	0.06
股权集中度	TOP1	22079	0.00	0.94	0.3714	0.1562	0.35	0.42
		1777	0.00	0.90	0.4327	0.1735	0.44	0.40
		20302	0.03	0.94	0.3661	0.1534	0.35	0.42
股权性质	Controller	22079	0.00	1.00	0.5523	0.4973	1.00	0.90
		1777	0.00	1.00	0.1902	0.3926	0.00	2.06
		20302	0.00	1.00	0.5840	0.4929	1.00	0.84
管理层权力	Power	22079	−3.24	3.11	0.0000	0.8250	−0.11	5.90E+07
		1777	−3.24	1.76	−0.9967	0.8183	−1.15	−0.82
		20302	−2.88	3.11	0.0872	0.7662	−0.06	8.78
高管年龄	Age	22079	2.38	61.36	47.7937	3.5058	47.90	0.07
		1777	6.44	60.86	49.0618	3.6028	49.17	0.07
		20302	2.38	61.36	47.6827	3.4753	47.80	0.07

续表

变量名称	符号	样本数	最小值	最大值	均值	标准差	中位数	变异系数
现金流量	Cash	22079	2.38	61.36	47.7937	3.5058	47.90	0.07
		1777	−0.51	35.13	0.1159	0.8399	0.08	7.25
		20302	−8.57	8.50	0.0515	0.1954	0.05	3.79
财务杠杆	DFL	22079	0.01	1.00	0.4516	0.2120	0.46	0.47
		1777	0.01	0.98	0.5241	0.1961	0.54	0.37
		20302	0.01	1.00	0.4453	0.2122	0.45	0.48
地区因素	Region	22079	0.00	1.00	0.6563	0.4750	1.00	0.72
		1777	0.00	1.00	0.5132	0.5000	1.00	0.97
		20302	0.00	1.00	0.6688	0.4707	1.00	0.70
行业职工平均工资	Wage	22079	4762.00	183365.00	41658.7399	23578.5843	38725.00	0.57
		1777	8264.00	183365.00	50252.9100	26512.5812	46087.00	0.53
		20302	4762.00	183365.00	40906.5066	23153.5915	37930.00	0.57
监事会规模	Supervisors	22079	1.00	14.00	3.8081	1.2590	3.00	0.33
		1777	2.00	13.00	4.5757	1.6052	5.00	0.35
		20302	1.00	14.00	3.7409	1.2009	3.00	0.32
审计委员会	Audit	22079	0.00	1.00	0.3641	0.4812	0.00	1.32
		1777	0.00	1.00	0.3686	0.4826	0.00	1.31
		120302	0.00	1.00	0.3637	0.4811	0.00	1.32
是否两职兼任	Two-jobs	22079	0.00	1.00	0.3641	0.4812	0.00	1.32
		1777	0.00	1.00	0.0844	0.2781	0.00	3.29
		20302	0.00	1.00	0.2152	0.4110	0.00	1.91
高管是否持股	Share	22079	0.00	1.00	0.7081	0.4546	1.00	0.64
		1777	0.00	1.00	0.0844	0.2781	0.00	3.29
		20302	0.00	1.00	0.7195	0.4493	1.00	0.62

附录2　用净资产收益率替代原业绩变量总资产收益率做稳健性检验

附表2　全样本、垄断行业企业和非垄断行业企业的回归估计结果：被解释变量为Lnpay和Lnperk

被解释变量		前3名高管薪酬均值（Lnpay）			在职消费（Lnperk）		
	预期符号	全样本	垄断企业	非垄断企业	全样本	垄断企业	非垄断企业
		栏目1	栏目2	栏目3	栏目4	栏目5	栏目6
解释变量 净资产收益率	+	0.834*** (25.068)	0.534*** (5.294)	0.847*** (24.222)	−0.442*** (−13.601)	−0.376*** (−2.823)	−0.442*** (−13.429)
总资产周转率	+	0.166*** (18.786)	0.137*** (4.264)	0.151*** (16.343)	0.464*** (53.757)	0.642*** (15.160)	0.427*** (48.957)
资产保值增值率	+	0.010* (1.716)	−0.035 (−1.593)	0.014** (2.320)	−0.030*** (−5.251)	−0.019 (−0.645)	−0.027*** (−4.719)
企业规模	+	0.321*** (72.886)	0.264*** (19.914)	0.336*** (71.555)	0.740*** (172.307)	0.718*** (41.071)	0.744*** (168.463)
第一大股东持股比例	−	−0.597*** (−19.862)	−0.703*** (−7.670)	−0.578*** (−18.221)	−0.183*** (−6.248)	−0.068 (−0.558)	−0.232*** (−7.767)
上市公司实际控制人	+	0.065*** (6.350)	−0.006 (−0.159)	0.063*** (5.905)	−0.066*** (−6.676)	−0.080 (−1.640)	−0.082*** (−8.204)
管理层权力	+	0.077*** (9.761)	0.038* (1.861)	0.047*** (5.075)	0.078*** (10.113)	0.287*** (10.602)	−0.023*** (−2.629)
控制变量 高管年龄	+	0.013*** (8.802)	0.017*** (3.351)	0.013*** (8.431)	0.018*** (12.468)	0.027*** (4.156)	0.016*** (11.030)
现金流量	+	0.129*** (2.928)	0.116 (0.669)	0.212*** (4.637)	0.915*** (21.274)	1.004*** (4.385)	0.984*** (22.802)
财务杠杆	−	−0.485*** (−19.829)	−0.585*** (−7.547)	−0.492*** (−19.098)	−0.306*** (−12.795)	−0.044 (−0.430)	−0.282*** (−11.621)
地区因素	+	0.174*** (18.355)	0.005 (0.175)	0.184*** (18.348)	0.006 (0.623)	0.118*** (3.130)	−0.013 (−1.385)
公司所处地区该行业的职工平均工资	+	8.52E−06*** (41.687)	9.07E−06*** (15.443)	8.96E−06*** (40.750)	1.95E−06*** (9.789)	−5.31E−08 (−0.068)	2.93E−06*** (14.172)

续表

被解释变量		前3名高管薪酬均值（Lnpay）			在职消费（Lnperk）		
	预期符号	全样本	垄断企业	非垄断企业	全样本	垄断企业	非垄断企业
		栏目1	栏目2	栏目3	栏目4	栏目5	栏目6
监事会规模	−	−0.027***	−0.035***	−0.020***	0.026***	0.041***	0.021***
		(−7.204)	(−3.967)	(−5.033)	(7.162)	(3.517)	(5.627)
审计委员会	−	0.089***	0.123***	0.084***	0.007	−0.083**	0.014*
		(10.061)	(4.552)	(8.990)	(0.829)	(−2.327)	(1.651)
两职兼任	+	0.019	0.073	0.054***	−0.036**	−0.336***	0.082***
		(1.303)	(1.388)	(3.352)	(−2.512)	(−4.832)	(5.392)
高管持股与否	+	0.023**	0.052*	0.009	0.090***	−0.112***	0.103***
		(2.403)	(1.875)	(0.829)	(9.458)	(−3.059)	(10.592)
常量		4.904***	6.083***	4.558***	1.174***	1.054***	1.207***
		(51.598)	(23.472)	(44.493)	(12.652)	(3.081)	(12.502)
样本数		22079	1777	20302	22029	1775	20254
F值		1075.867***	126.661***	988.058***	3613.227***	350.408***	3346.229***
调整后的 R^2		0.438	0.531	0.438	0.724	0.759	0.726

附表3　全样本、垄断行业企业和非垄断行业企业的回归估计结果：被解释变量为 Lndif-pay 和 Lnmon-pay

被解释变量			全部高管薪酬均值（Lndif-pay）			垄断租金薪酬（Lnmon-pay）
		预期符号	全样本	垄断企业	非垄断企业	垄断企业
			栏目1	栏目2	栏目3	栏目4
解释变量	净资产收益率	+	0.801***	0.477***	0.814***	−1.164***
			(25.170)	(4.505)	(24.507)	(−4.509)
	总资产周转率	+	0.148***	0.165***	0.132***	0.358***
			(17.490)	(4.890)	(14.949)	(3.182)
	资产保值增值率	+	0.007	−0.020	0.010*	−0.037
			(1.187)	(−0.863)	(1.712)	(−0.490)
	企业规模	+	0.332***	0.272***	0.348***	0.235***
			(78.878)	(19.535)	(78.014)	(5.086)
	第一大股东持股比例	−	−0.517***	−0.732***	−0.484***	−0.684**
			(−17.962)	(−7.604)	(−16.048)	(−2.071)

续表

被解释变量			全部高管薪酬均值（Lndif-pay）			垄断租金薪酬（Lnmon-pay）
		预期符号	全样本	垄断企业	非垄断企业	垄断企业
			栏目1	栏目2	栏目3	栏目4
	上市公司实际控制人	+	0.110*** (11.328)	0.033 (0.848)	0.110*** (10.891)	−0.051 (−0.349)
	管理层权力	+	0.158*** (20.785)	0.116*** (5.384)	0.133*** (15.058)	0.159** (2.109)
控制变量	高管年龄	+	0.013*** (8.909)	0.004 (0.761)	0.013*** (9.216)	−0.009 (−0.462)
控制变量	现金流量	+	0.073* (1.729)	0.051 (0.278)	0.150*** (3.450)	−1.344** (−2.284)
控制变量	财务杠杆	−	−0.489*** (−20.865)	−0.550*** (−6.762)	−0.499*** (−20.388)	0.261 (0.931)
控制变量	地区因素	+	0.122*** (13.463)	0.008 (0.264)	0.129*** (13.521)	−0.152 (−1.472)
控制变量	公司所处地区该行业的职工平均工资	+	8.543E−06*** (43.670)	9.952E−06*** (16.129)	8.844E−06*** (42.303)	7.608E−06*** (3.427)
控制变量	监事会规模	−	−0.051*** (−14.445)	−0.054*** (−5.821)	−0.046*** (−11.883)	0.028 (0.884)
控制变量	审计委员会	−	0.098*** (11.591)	0.135*** (4.774)	0.092*** (10.466)	0.176* (1.781)
控制变量	两职兼任	+	−0.158*** (−11.134)	−0.070 (−1.267)	−0.130*** (−8.519)	−0.420** (−2.274)
控制变量	高管持股与否	+	0.074*** (7.901)	0.046 (1.588)	0.065*** (6.669)	−0.006 (−0.059)
常量			3.865*** (42.495)	5.648*** (20.752)	3.463*** (35.562)	6.486*** (7.080)
样本数			22043	1775	20268	772
*F*值			1224.377***	118.611***	1135.458***	9.955***
调整后的R^2			0.470	0.515	0.472	0.157

附表4 管理层权力与高管实际薪酬和垄断租金薪酬

自变量	因变量：在职消费（Lnperk）			因变量：垄断租金薪酬（Lnmon-pay）
	全样本	垄断企业	非垄断企业	
	栏目1	栏目2	栏目3	栏目4
管理层权力	0.049***	0.284***	−0.048***	0.092
	(6.506)	(10.488)	(−5.616)	(1.293)
高管薪酬水平	0.162***	−0.030	0.167***	0.733***
	(25.177)	(−0.959)	(25.894)	(9.031)
净资产收益率	−0.593***	−0.375***	−0.596***	−1.479***
	(−18.179)	(−2.771)	(−18.050)	(−5.992)
总资产周转率	0.444***	0.700***	0.405***	0.243**
	(51.712)	(16.938)	(46.739)	(2.371)
资产保值增值率	−0.036***	−0.040	−0.033***	0.012
	(−6.390)	(−1.338)	(−5.847)	(0.173)
企业规模	0.711***	0.774***	0.708***	0.016
	(157.196)	(45.126)	(151.067)	(0.378)
第一大股东持股比例	−0.159***	−3.849E−04	−0.217***	0.021
	(−5.531)	(−0.003)	(−7.441)	(0.068)
上市公司实际控制人	−0.104***	−0.112**	−0.114***	−0.040
	(−11.023)	(−2.297)	(−12.155)	(−0.294)
现金流量	0.914***	1.088***	0.968***	−1.541***
	(21.428)	(4.711)	(22.670)	(−2.787)
财务杠杆	−0.272***	−0.157	−0.243***	0.828***
	(−11.488)	(−1.542)	(−10.102)	(3.144)
行业职工平均工资	6.323E−07***	1.037E−06	1.429E−06***	−1.422E−07
	(3.195)	(1.303)	(6.976)	(−0.067)
两职兼任	−0.023*	−0.306***	0.091***	−.330*
	(−1.644)	(−4.365)	(6.075)	(−1.882)
常量	0.849***	1.632***	0.848***	1.611*
	(9.545)	(4.409)	(9.322)	(1.724)
样本数	22029	1775	20254	772
F值	4920.730***	450.931***	4584.111***	20.798***
调整后的 R^2	0.728	0.753	0.731	0.236

附表5　管理层权力、盈余操纵与绩效薪酬分析

自变量	因变量：高管薪酬水平（Lnpay）					
	全样本		垄断企业		非垄断企业	
	栏目1	栏目2	栏目3	栏目4	栏目5	栏目6
管理层权力	0.149***	0.137***	0.061***	0.116***	0.149***	0.129***
	(22.484)	(20.609)	(2.854)	(4.223)	(20.282)	(17.929)
净资产收益率	0.819***		0.487***		0.843***	
	(22.887)		(3.053)		(22.437)	
会计业绩与权力交乘项	0.012		−0.013		−0.063	
	(0.292)		(−0.095)		(−1.345)	
非可操作性业绩		1.452***		1.249***		1.963***
		(15.803)		(3.276)		(18.349)
可操作性业绩		0.108***		0.315		0.092***
		(3.228)		(1.430)		(2.635)
非可操作性业绩与权力交乘项		0.007		1.008***		−0.721***
		(0.082)		(3.304)		(−5.946)
可操作性业绩与权力交乘项		−0.121***		0.020		−0.129***
		(−2.859)		(0.109)		(−2.854)
总资产周转率	0.136***	0.160***	0.033	0.045	0.136***	0.160***
	(14.260)	(16.921)	(0.951)	(1.317)	(13.607)	(16.159)
资产保值增值率	−0.003	0.010	−0.024	−0.003	−0.001	0.006
	(−0.438)	(1.459)	(−0.986)	(−0.134)	(−0.096)	(0.859)
企业规模	0.378***	0.422***	0.319***	0.328***	0.394***	0.446***
	(91.477)	(95.468)	(31.592)	(32.149)	(86.970)	(91.625)
财务杠杆	−0.677***	−0.818***	−0.545***	−0.642***	−0.711***	−0.872***
	(−25.770)	(−31.854)	(−6.670)	(−8.063)	(−25.675)	(−32.240)
高管持股比例	0.418***	0.387***	1.170***	0.914***	0.403***	0.373***
	(14.456)	(13.239)	(4.115)	(3.116)	(13.723)	(12.607)
常量	4.604***	3.770***	5.791***	5.689***	4.297***	3.296***
	(52.474)	(40.517)	(25.393)	(24.492)	(44.981)	(32.379)
样本数	21834	21834	1766	1766	20068	20068
F值	1396.441***	1079.460***	146.751***	116.263***	1281.689***	1003.609***
调整后的R^2	0.338	0.331	0.398	0.395	0.338	0.333

附录3　用滞后一期的企业业绩变量代替本年度的业绩变量做稳健性检验

附表6　主要变量回归（滞后一期的企业业绩变量）

自变量	因变量：高管薪酬水平（Lnpay）					
	全样本		垄断企业		非垄断企业	
	栏目1	栏目2	栏目3	栏目4	栏目5	栏目6
管理层权力	0.148*** (24.003)	0.147*** (23.970)	0.056*** (2.789)	0.055*** (2.714)	0.145*** (21.248)	0.144*** (21.098)
净资产收益率	0.883*** (23.521)		0.577*** (4.978)		0.907*** (22.933)	
总资产收益率		2.135*** (25.008)		1.263*** (4.200)		2.201*** (24.746)
总资产周转率	0.142*** (15.187)	0.142*** (15.284)	0.038 (1.097)	0.037 (1.085)	0.143*** (14.564)	0.143*** (14.609)
资产保值增值率	−0.014** (−2.242)	−0.023*** (−3.572)	0.004 (0.175)	0.001 (0.310)	−0.016** (−2.400)	−0.025*** (−3.755)
企业规模	0.380*** (92.874)	0.381*** (93.668)	0.316*** (31.255)	0.318*** (31.269)	0.396*** (88.481)	0.397*** (89.396)
财务杠杆	−0.682*** (−26.355)	−0.545*** (−19.890)	−0.533*** (−6.561)	−0.467*** (−5.248)	−0.719*** (−26.389)	−0.577*** (−20.055)
高管持股比例	0.375*** (12.980)	0.340*** (11.757)	1.069*** (3.750)	1.048*** (3.661)	0.358*** (12.211)	0.323*** (10.985)
常量	4.567*** (52.639)	4.461*** (51.962)	5.794*** (25.602)	5.716*** (25.394)	4.255*** (45.074)	4.140*** (44.354)
样本数	22070	22070	1777	1777	20293	20293
F值	1622.435***	1637.674***	146.751***	166.978***	1490.160***	1508.380***
调整后的R²	0.340	0.342	0.398	0.395	0.339	0.342

附表7　管理层权力与规模薪酬的回归估计结果

被解释变量		全部高管薪酬均值（Lndif-pay）		
		全样本	垄断企业	非垄断企业
		栏目1	栏目2	栏目3
解释变量	管理层权力	−0.338*** (−3.850)	0.911*** (3.573)	−0.099 (−0.948)
	净资产收益率	0.797*** (25.012)	0.594*** (3.932)	0.815*** (24.518)
	净资产收益率权利交乘	−0.015 (−0.396)	0.147 (1.171)	−0.084** (−2.053)
	企业规模	0.334*** (79.119)	0.239*** (13.677)	0.347*** (77.737)
	规模权力交乘	0.023*** (5.662)	−0.035*** (−3.151)	0.011** (2.269)
	总资产周转率	0.146*** (17.282)	0.160*** (4.765)	0.132*** (14.978)
	资产保值增值率	0.009 (1.561)	−0.019 (−0.820)	0.011* (1.886)
	第一大股东持股比例	−0.513*** (−17.838)	−0.733*** (−7.630)	−0.481*** (−15.973)
	上市公司实际控制人	0.111*** (11.384)	0.021 (0.547)	0.110*** (10.913)
控制变量	高管年龄	0.012*** (8.839)	0.005 (0.881)	0.013*** (9.167)
	现金流量	0.079* (1.870)	0.038 (0.208)	0.151*** (3.474)
	财务杠杆	−0.494*** (−21.087)	−0.550*** (−6.773)	−0.501*** (−20.450)
	地区因素	0.123*** (13.551)	0.012 (0.404)	0.129*** (13.551)
	公司所处地区该行业的职工平均工资	8.652E-06*** (44.040)	9.854E-06*** (15.982)	8.879E-06*** (42.395)
	监事规模	−0.050*** (−14.035)	−0.054*** (−5.846)	−0.045*** (−11.729)

续表

被解释变量		全部高管薪酬均值（Lndif-pay）		
		全样本	垄断企业	非垄断企业
		栏目1	栏目2	栏目3
	审计委员会	0.099*** （11.633）	0.133*** （4.692）	0.092*** （10.453）
	两职兼任	−0.145*** （−10.139）	−0.106* （−1.881）	−0.126*** （−8.165）
	高管持股与否	0.074*** （7.940）	0.036 （1.233）	0.066*** （6.755）
	常量	3.828*** （42.001）	6.380*** （1.233）	3.477*** （35.654）
	样本数	22043	1775	20268
	F 值	1091.604***	106.531***	1010.104***
	调整后的 R^2	0.471	0.517	0.473

后　记

　　本书是在我的博士论文的基础上修订完成的。在书稿即将出版之际，谨向所有教导和帮助过我的人表示衷心的感谢！

　　感谢我的导师西北大学惠宁教授。惠老师传递给我的敏锐发现与冷静思考的学术态度和敬业精神是我享之不尽的人生财富。或许用任何言语都无法表达我对老师的感谢之情和敬佩之心，但我会将这份感激珍藏于心！

　　感谢我的先生、儿子的理解、关爱与默默的支持，感谢老父亲的牵挂和无声地鼓励。

　　本书是对自己博士期间学习和研究的总结，也是多年科研工作的积累。在写作过程中，查阅和参考了国内外各种与研究有关的文献，汲取了其中的研究成果，在此表示深深的谢意！除对论文有较大影响的文献资料已在脚注或参考文献中标出以外，可能还有遗漏之处，在此也一并真诚地致谢！

　　还要感谢知识产权出版社的工作人员，谢谢他们的辛勤工作！

　　由于本人水平所限，本书可能存在欠缺、纰漏甚至错误，敬请读者批评指正，并提出宝贵意见。

郭淑娟

2017年8月